THÈSE

POUR LE DOCTORAT

PAR

F. SABBATANI

ÉLÈVE DE LA MISSION ÉGYPTIENNE

PARIS

IMPRIMERIE DE CUSSET ET Cᵉ

26, RUE RACINE, 26

1869

DE LEGE COMMISSORIA
EN DROIT ROMAIN

DES
VENTES ET ACHATS COMMERCIAUX
EN DROIT FRANÇAIS

THÈSE POUR LE DOCTORAT

SOUTENUE

le mercredi **11 août 1869**

PAR

F. SABBATANI

Né au Caire

ÉLÈVE DE LA MISSION ÉGYPTIENNE

PRÉSIDENT : M. LABBÉ, professeur,

SUFFRAGANTS :
- MM. COLMET-DAAGE,
- GIRAUD,
- DEMANTE, } Professeurs
- ACCARIAS, } Agrégé.

Le candidat répondra, en outre, aux questions qui lui seront faites sur les autres matières de l'enseignement.

PARIS
IMPRIMÉ PAR CUSSET ET Cᵉ.

RUE RACINE, 26, PRES DE L'ODÉON.

1869

(C)

A SON ALTESSE

ISMAÏL PACHA

KEDEWI D'ÉGYPTE ET DÉPENDANCES

Hommage de la plus vive reconnaissance et du plus profond respect.

A SON EXCELLENCE

CHÉRIF PACHA,

Ministre de l'Intérieur,

Hommage très-respectueux.

A SON EXCELLENCE

ALY PACHA MOUBARECK,

Ministre de l'Instruction publique,

Hommage très-respectueux.

A SON EXCELLENCE

COLUCCI BEY,

Hommage très-respectueux.

113

DROIT ROMAIN.

INTRODUCTION.

La vente, en droit romain, est un contrat par lequel une des parties promet à l'autre la possession paisible et utile d'une chose moyennant un prix que l'autre partie s'oblige à donner.

C'était un contrat de bonne foi, parfait par le seul consentement, et essentiellement synallagmatique. Aussitôt la convention formée, les parties se trouvaient réciproquement obligées l'une envers l'autre.

Le vendeur était tenu de délivrer la chose et de garantir l'acheteur de toute éviction. A ces deux obligations on ajoute généralement une troisième, celle de *præstare fidem*, c'est-à-dire de ne pas commettre de dol ; mais il nous semble que ce n'est là que l'application d'un principe commun à tous les contrats de bonne foi. Toutefois, comme ce principe était plus fécond en conséquences dans la vente que partout ailleurs, on comprend qu'on en ait fait l'objet d'une obligation particulière. Ainsi le vendeur, bien qu'il ne fût rigoureusement tenu qu'à faire avoir la chose à l'acheteur, *rem licere habere*, pouvait être contraint, si la chose était *res mancipi*, à lui en faire la mancipation ; car il aurait eu mauvaise grâce à refuser de transférer à l'acheteur la propriété d'une chose dont il était obligé de lui garantir la plus complète possession (Gaïus, Inst. IV, § 13). — S'il avait vendu la chose d'autrui, il n'était passible d'aucun recours de la part de l'acheteur tant que le véritable propriétaire gardait le silence ; mais cette règle souffrait exception s'il l'avait fait sciemment, cas auquel l'acheteur pouvait agir immédiatement pour obtenir des dommages-intérêts.

Enfin, dans certains cas, le vendeur était obligé de donner la *cautio duplæ*, et il encourait immédiatement la condamnation au double, s'il se refusait à la fournir.

De son côté, l'acheteur était tenu de transférer au vendeur la propriété du prix.

Toutes ces obligations étaient garanties par deux actions, au moyen desquelles chaque partie pouvait demander à l'autre l'exécution de ses engagements : l'action *venditi* pour le vendeur, et l'action *empti* pour l'acheteur.

Mais reconnaissait-on au profit de celui qui n'obtenait pas le bénéfice sur lequel il aurait compté, la ressource de quelque autre sanction? La loi française, interprète de la volonté probable des parties, pose en règle générale que si l'un des contractants n'exécute pas, l'autre peut invoquer contre lui la résolution du contrat. Les Romains, qui admettaient la même règle en ce qui concerne les contrats synallagmatiques innomés (*do ut des*, *do ut facias*), la rejetaient quant à la vente : d'après eux, la violation de ses obligations par l'une des parties n'était pas pour l'autre un motif légitime de se refuser à accomplir les siennes. Sans doute, disaient les jurisconsultes, chacune des parties ne s'engage qu'en vue de l'obligation assumée par son contractant à son égard; mais une fois la convention formée, les deux obligations sont indépendantes, et, si l'un des contractants s'exécute, il le fait, non dans le but d'obtenir l'équivalent de ce qu'il fournit, mais de se libérer de sa dette : son payement est donc irrévocable. Ainsi le vendeur qui n'était pas payé de son prix à l'échéance n'avait point, en principe, d'action pour faire résoudre le contrat : il ne pouvait qu'en poursuivre l'exécution par l'acheteur.

Mais l'importance de la vente, l'usage qu'on en fait chaque jour, à chaque instant, devaient, on le comprend aisément, faire admettre des garanties spéciales au profit du vendeur. Une de ces garanties était le droit pour celui-ci de se refuser à la délivrance tant que l'acheteur n'exécutait pas de son côté, et de conserver ainsi par devers soi la propriété et la possession de la chose vendue. Une autre consistait dans une dérogation aux principes de transport de la propriété. Il était, en effet, de règle constante que la tradition des *res nec mancipi* intervenue *ex justa causa*, transferât à l'*accipiens* la propriété de la chose livrée. Ce principe souffrait exception en matière de vente, et la délivrance effectuée par le vendeur en exécution de son contrat, ne rendait l'acheteur propriétaire qu'autant que celui-ci avait payé son prix. Dès lors, le vendeur non payé restait libre de rentrer, au moyen de la *rei vindicatio*, en possession de son bien, et d'exercer à l'encontre de l'acheteur un véritable droit de rétention.

Cette protection, si efficace qu'elle paraisse, était encore insuffisante. En effet, que le vendeur eût conservé la possession du bien ou qu'il l'eût recouvrée, le contrat ne cessait pas de subsister ; il ne pouvait donc disposer de sa chose et restait à la merci de l'acheteur, toujours à même d'en exiger la délivrance en payant le prix.

Bien mieux, cette garantie même faisait défaut au vendeur lorsqu'il avait accordé un terme à l'acheteur, ou accepté de lui certaines sûretés spéciales, comme un fidéjusseur ou un gage. Dans tous ces cas, il était réputé avoir renoncé à la propriété, soit en raison de la confiance que lui inspirait l'acheteur, soit en raison des garanties qui lui étaient accordées. Il pouvait cependant arriver que l'acheteur ne s'acquittât pas à l'échéance, que le gage fût insuffisant, que le fidéjusseur devînt insolvable, et le vendeur courait alors le risque de perdre et la chose et le prix convenu.

Le système romain présentait, comme on le voit, de graves dangers pour le vendeur non payé, soit que la vente fût pure et simple, car il devait alors, bien qu'il eût gardé ou recouvré la possession, respecter les termes du contrat et tenir la chose à la disposition de l'acheteur ; soit qu'elle fût accompagnée d'un délai pour le payement ou qu'il eût été garanti au moyen de sûretés spéciales, cas auquel le vendeur était définitivement dépouillé, et n'avait plus que la ressource d'une action personnelle, l'action *venditi*, pour obtenir le montant du prix. C'est à ce double péril qu'on avait tenté de pourvoir au moyen de la *lex commissoria*, qui ne devint réellement efficace qu'après beaucoup d'efforts et beaucoup de controverses.

DE LEGE COMMISSORIA.

CHAPITRE PREMIER.

CARACTÈRES GÉNÉRAUX.

La *lex commissoria* est un pacte par lequel il est convenu que, faute par l'acheteur de payer son prix, la vente sera résolue.

Les interprètes du droit romain ne sont pas d'accord sur le sens de cette expression *lex commissoria*. Les uns, comme Voët, prétendent qu'elle signifie pacte qui met (l'acheteur ne payant pas son prix) la vente à la discrétion du vendeur : *committitur venditio arbitrio venditoris*. D'autres, ainsi Cujas, enseignent qu'elle doit s'entendre d'une clause en vertu de laquelle l'acheteur, en ne gagnant point son prix, viole, détruit le contrat tout entier : *Qui committit in eam rem, committit in universam venditionem.* Quant à nous, il nous semble presque évident que *lex commissoria, lex quæ committitur,* exprime l'effet produit par la réalisation d'un fait prévu : c'est ainsi qu'à propos d'une obligation avec clause pénale, en cas d'inexécution, ou d'une obligation conditionnelle, la condition réalisée on dit : *pœna* ou *stipulatio committitur.*

Quoi qu'il en soit, la *lex commissoria* étant un pacte *adjectum venditioni,* il nous faut, pour apprécier les principes qui la régissent, nous reporter aux règles qui s'appliquent aux *pacta adjecta,* en limitant, comme de juste, notre examen au cas où le contrat est de bonne foi.

Un pacte peut intervenir *in continenti* ou *ex intervallo.*

Au premier cas, la règle est bien simple : le pacte fait corps avec le contrat, et en est une partie intégrante ; il engendre la même action que l'acte avec lequel il s'identifie, et il peut être invoqué tant par voie d'action que par voie d'exception. « Interdum pactum format ipsam actionem, ut in bonæ fidei judiciis. Solemus enim dicere pacta conventa inesse bonæ fidei judiciis. Sed hoc sic accipiendum est ut si quidem ex continenti pacta subsecuta sunt... Ea pacta insunt quæ legem contractui dant. » (Loi 7, § 5, *De pactis.*)

Au second, il faut faire une distinction : Porte-t-il sur les *substantialia,* c'est-à-dire sur les éléments essentiels du contrat, sur le prix ou la chose, par exemple, s'il se réfère à une vente, il sort toujours son plein et entier effet ; par cette raison bien simple, que le pacte ici renouvelle le contrat, le remplace par un autre.

Disons toutefois qu'il n'en est ainsi que si la convention a lieu *rebus adhuc integris.* C'est ce qui résulte nettement d'un texte de Papinien annoté par Paul : « .... Paulus notat, si omnibus integris manentibus de augendo vel diminuendo pretio rursum convenit, recessum à priore contractu interesse videtur. » (Loi 72, *in fine, De contrahenda emptione.*)

Que si le pacte, au lieu de porter sur les *substantiala*, ne porte que sur les *adminicula*, par exemple, sur l'époque du payement du prix, il ne produit qu'une exception *pacti conventi.* (Loi 7, §§ 5 et 6, *De pactis.*)

Appliquant ces règles à la *lex commissoria*, nous dirons qu'elle porte sur la substance de la vente. En sorte que si les choses sont entières, quand elle intervient, son effet est de détruire la vente pure et simple primitive pour y substituer une vente résoluble sous condition.

Mais *quid* si l'exécution est commencée lorsqu'elle a lieu ? Impuissante à détruire ce qui a été fait, elle n'engendre pas l'action *venditi;* mais ce n'est pas à dire qu'elle soit toujours absolument dénuée d'effet. Ainsi, supposons que l'acheteur, après la livraison opérée, a volontairement restitué la chose au vendeur : s'il vient par l'*actio empti* demander qu'on lui fasse tradition, il sera repoussé par l'exception *pacti conventi* ou *doli mali* qui est toujours sous-entendue dans les instances de bonne foi.

En général la *lex commissoria* contient la fixation d'un délai dans lequel l'acheteur doit payer, s'il ne veut encourir la résolution de la vente; mais ce n'est là qu'un point secondaire et non un élément essentiel soit à son existence, soit même à sa validité.

Demandons-nous maintenant quelle est la nature juridique de la *lex commissoria*. Son but, nous le savons, est en principe d'entraîner la résolution de la vente si l'acheteur ne paye pas son prix ; mais constitue-t-elle nécessairement une condition résolutoire ? En d'autres termes, la vente à laquelle elle est jointe est-elle forcément pure, mais résoluble sous condition ? Les parties ne sont-elles pas libres, si elles le préfèrent, de subordonner au payement l'existence même du contrat ? Les commentateurs sont loin d'être d'accord sur cette importante question.

Avant d'en aborder la discussion, il importe de nous bien fixer sur les différences qui existent entre une vente pure, mais résoluble, et une vente sous condition suspensive.

La première produit immédiatement tous les effets du contrat et continue à les produire jusqu'à la résolution. Ainsi :

1° L'acheteur, pour se faire livrer la chose peut

agir contre le vendeur, qui de son côté peut exiger le prix, si la vente est au comptant.

2° L'acheteur perçoit les fruits et supporte les charges. (Loi 7, *De publicanis.*)

3° Si le vendeur était propriétaire et s'il a suivi la foi de l'acheteur, celui-ci, par la tradition est devenu propriétaire : il peut donc exercer contre les tiers l'action en revendication, y défendre, consentir des aliénations, des hypothèques. On a quelquefois prétendu que le vendeur, quand la clause commissoire a été insérée au contrat, a suivi nécessairement la foi de l'acheteur. Nous l'admettons volontiers lorsque le pacte même fixe un délai, cas auquel la concession d'un terme est probable ; mais nous savons que le *dies* n'était pas de l'essence de la *lex commissoria.*

Et d'ailleurs, en fût-il autrement il pourrait se faire que le *dies* eût été apposé, non comme un terme, mais comme une limite passé laquelle la vente doit être résolue si le prix n'est pas payé. Il n'y a donc pas lieu de se préoccuper de la *lex commissoria,* pour savoir si le vendeur a entendu suivre ou non la foi de l'acheteur. En cas de contestation sur ce point, la preuve incombe naturellement à ce dernier ; car la volonté de transférer la propriété ne se présume pas chez le vendeur non gagé.

4° Le vendeur n'était pas propriétaire. Si la chose qui n'a été que livrée était une chose *mancipi,* toutes les conditions requises pour l'usucapion se rencontrent, l'acheteur usucapera *pro emptore.*

5° Les risques sont pour l'acheteur, peu importe au vendeur que la destruction de la chose soit totale ou partielle, il doit toujours recevoir l'intégralité de son prix.

Maintenant, si nous supposons une vente contractée sous condition suspensive, les résultats opposés se produisent ou plutôt aucun des effets de la vente n'a lieu *ab initio.* Le vendeur peut encore aliéner, hypothéquer, intenter la revendication et y défendre ; il fait les fruits siens. L'acheteur auquel la tradition n'a donné qu'une possession naturelle, ne peut pas usucaper : *quod si pendente conditione res tradita est emptor non poterit eam usucapere pro emptore.*

Enfin, sur la question des risques, distinction : la perte totale arrivée *pendente conditione* est pour le vendeur, parce que quand la condition se réalise, la vente ne peut se former faute d'objet et l'obligation de l'acheteur de payer le prix ne naît point faute de cause ; au contraire la perte partielle ou les détériorations sont à la charge de l'acheteur qui les subit comme il profite des améliorations. (Dig., Loi 8, *De periculo et commodo rei venditæ.*)

Ceci bien compris, revenons à notre question : les parties pourraient-elles, à leur choix, faire de la *lex commissoria* une condition soit suspensive, soit résolutoire? L'affirmative ne nous semble pas douteuse. Nous pourrions nous contenter pour l'établir d'invoquer la liberté des conventions, ce qui est surtout de l'essence des contrats de bonne foi; mais il nous est plus facile de réduire à néant les arguments qu'on allègue à l'appui de la thèse contraire.

Et d'abord nos adversaires font remarquer que les textes nous présentent toujours la *lex commissoria* comme constituant une condition résolutoire; la loi 1 de notre titre leur semble notamment décisive : « Si fundus commissoria lege venierit, magis est ut sub conditione resolvi emptio, quam sub conditione contrahi videatur. » Ce fragment d'Ulpien, rapproché de la loi 2, § 3, *Pro emptore*, texte de Paul sur lequel nous reviendrons tout à l'heure, leur paraît former une preuve péremptoire en faveur de leur opinion. — Il ne nous coûte rien d'avancer qu'en principe notre pacte était résolutoire; que les textes le posent comme tel. Mais là n'est pas la question : il s'agit de savoir si ce caractère est de son essence. Ce n'est pas tout : la loi 1 de notre titre nous fournit un argument sans réplique. En effet, que nous dit Ulpien? Que dans le doute, lorsque l'intention des parties n'est pas expresse, la *lex commissoria*, d'après le *plerumque fit*, doit être considérée comme rendant la vente résoluble : *magis est ut...* C'est dire on ne peut plus nettement qu'il est permis de subordonner la formation même du contrat au payement du prix.

Quant à l'argument qu'on prétend tirer de la

comparaison de ce texte avec un autre fragment d'Ulpien, la loi 2, pr., *De in diem addictione*, il est encore plus malheureux s'il est possible. Voici la loi dont il s'agit : « Quotiens fundus in diem addicitur, utrum pura emptio est, sed sub conditione resolvitur; an vero conditionalis sit magis emptio, quæstionis est? Et mihi videtur verius, interesse quid actum est. Nam si quidem hoc actum est, ut, meliore allata conditione, discedatur, erit pura emptio, quæ sub conditione resolvitur : sin autem hoc actum est, ut perficiatur emptio, nisi melior conditio offeratur, erit emptio conditionalis. » Comment expliquer, disent nos adversaires, qu'Ulpien nous présente l'*addictio in diem* comme une condition suspensive ou résolutoire, au gré des parties, et n'attribue que ce dernier caractère à la *lex commissoria?* Évidemment c'est que ce qui était licite là ne l'était pas ici. — Nous venons de voir que sous peine d'être inintelligible, la loi 1 de notre titre reconnaît implicitement aux contractants la faculté de faire, à leur choix, du payement du prix une condition suspensive, ou à défaut de payement une condition résolutoire. Bien mieux, il nous semble impossible que l'on puisse donner une raison plausible de la différence qu'on prétend établir entre l'*addictio in diem* et notre pacte.

Enfin, il est clair qu'on nous objecte à tort qu'en faisant du payement du prix une condition suspensive, le vendeur se met à la merci de l'acheteur, qui se trouve le maître de former ou de ne pas former le contrat. En effet, même en admettant qu'il en soit ainsi, outre que celui-ci n'a pas de guide que son intérêt, n'est-il pas de toute évidence que la rétention de la chose vendue par celui-là lui est une sûreté bien plus grande qu'une action en résolution? Sans doute, la condition suspensive laisse les risques à sa charge; mais avec notre système, il peut, suivant que la chose est ou non susceptible de perte ou de dépréciation, faire de la *lex commissoria* un pacte résolutoire ou suspensif. D'ailleurs, loin que l'acheteur puisse jamais être le maître du sort du contrat, c'est en toute hypothèse le vendeur qui est libre d'invoquer le pacte ou de n'en pas user, puisque c'est toujours dans son intérêt exclusif qu'il a été fait.

C'est à tort, suivant nous, que l'on a voulu essayer d'argumenter dans notre sens de la loi 38, § 2, *Ad legem Falcidiam :* « (Servus) cujus ususfructus alienus est, in dominio proprietatis connumeratur; pignori dati, en debitoris; sub lege commissoria distracti, item ad diem addicti, in venditoris. » Après une vente affectée de la *lex commissoria*, le vendeur et l'acheteur meurent tous les deux : dans quel patrimoine pour l'application de la Falcidie la chose vendue doit-elle être comprise? Dans le patrimoine du vendeur, répond Hermogénien. Évidemment le prudent, quand il décide ainsi, laisse de côté le point de savoir si la *lex commissoria* est suspensive ou résolutoire. La preuve, c'est qu'il donne, quant au *statu liber*, dont l'héritier est incontestablement propriétaire sous condition résolutoire, une solution diamétralement opposée : « Non auget familiam heredis. » (*Principium*, même loi.)

Que si maintenant nous nous demandons comment expliquer cette variété de décision, la réponse est des plus simples : c'est la loi 78, § 1, *Ad legem Falcidiam* (liv. XXXV, tit. II), qui nous la fournit. Voici ce texte : « Magna dubitatio fuit de his, quorum conditio mortis tempore pendet, id est, an quod sub conditione debetur, in stipulatoris bonis adnumeretur, et promissoris bonis detrahatur?

« Sed hoc jure utimur ut quanti ea spes obligationis venire possit, tantum stipulatoris quidem bonis accedere videatur : promissoris vero decedere : aut cautionibus res explicari potest, ut duorum alterum fiat : aut ita ratio habeatur, tanquam pure debeatur; aut ita tanquam nihil debeatur. Deinde heredes et legatarii inter se caveant ut, existente conditione, aut heres reddat, quanto minus solverit : aut legatarii restituant, quanto plus consecuti sint. »

Il va de soi que les procédés que Gaïus nous indique ici pour les créances, devaient également être usités pour les autres droits conditionnels.

Rien de plus logique que de comprendre la chose vendue sous une *lex commissoria* dans la succession du vendeur, puisque, dans tous les cas, et quelle que soit la nature du pacte, elle doit s'y trouver en nature ou par son équivalent, le prix. Au contraire, l'esclave affranchi sous condition, ne laissant aucune trace dans le patrimoine du défunt, si le legs aboutit, et d'autre part la présomption étant toujours pour la liberté, on devait tout aussi logiquement, et par une raison inverse, n'en pas tenir compte dans le calcul de l'actif héréditaire net.

En terminant, un mot sur la loi 2, § 3, *Pro emp-tore* (Dig., L. 41, tit. 4), qui est ainsi conçue : « Sabinus, si sic empta sit, ut nisi pecunia intra diem certum soluta esset, inempta res fieret, non usucapturum, nisi persoluta pecunia : sed videamus, utrum conditio est hoc, an conventio? Si conventio, est magis resolvetur, quam implebitur. »

Inempta res FIERET..... Ces mots semblent bien supposer que la condition est résolutoire. Nous ne le contestons point, mais nous pensons qu'on ne doit pas s'attacher à leur sens littéral ; qu'ils signifient *emptio venditio non fieret* : autrement comment comprendre que l'acheteur, dans l'hypothèse prévue, ne puisse point usucaper? — Nous croyons inutile de dire que dans les développements que nous donnerons nous envisagerons notre pacte comme résolutoire.

CHAPITRE II.

ACCOMPLISSEMENT OU INACCOMPLISSEMENT DE LA LEX COMMISSORIA.

SECTION PREMIÈRE.

Accomplissement de la lex commissoria.

Pour donner ouverture à la *lex commissoria*, un fait est essentiel. Ce fait que les parties ont prévu et qui a formé un pacte inséré dans le contrat est le non-payement. A cette occasion on peut se demander dans quel cas le vendeur peut se retourner vers son acheteur et lui dire : *Lex commissoria est ?...* D'après l'opinion que nous avons adoptée, à savoir, que le parti commissoire peut, suivant l'intention des parties, revêtir le caractère d'une condition résolutoire ou d'une condition suspensive, il nous faut envisager deux hypothèses différentes.

Nous supposons, dans la première hypothèse, *qu'un terme a été fixé.* En ce cas, la seule échéance du terme accorde au vendeur le droit de demander la résolution de la vente. Aucune interpellation n'est nécessaire; on applique ici dans toute sa rigueur la maxime des interprètes : *Dies interpellat pro homine.* La volonté des parties fait loi :

l'acheteur était prévenu que, passé tel délai, son payement ne pourrait plus être effectué malgré le vendeur : il était averti des conséquences que pouvait entraîner pour lui son retard; il doit donc subir la peine de sa négligence. Et n'oublions pas qu'un payement partiel, quelque considérable qu'il soit, est impuissant à soustraire l'acheteur à la résolution de la vente ; c'est ce qui résulte nettement des lois 6, § 2, et 4, § 1, de notre titre. La loi romaine se pose comme interprète exact de la volonté des parties en ne présumant, ni l'indulgence de la part du vendeur, ni l'oubli possible du terme de la part de l'acheteur.

La maxime : *Dies interpellat pro homine*, est spéciale aux clauses pénales. Aussi certains jurisconsultes avaient-ils hésité à l'appliquer à un contrat de bonne foi; mais la dernière des lois que nous venons de citer (loi 4, § 4) nous montre que la question a été tranchée par l'affirmative : « Marcellus, libro XX dubitat, commissoria utrum tunc locum habet, si interpellatus non solvat, an vero si non obtulerit? Et magis arbitror, offerre eum debere, si vult se legis commissoriæ potestate solvere : quot si non habet, cui offerat, posse esse secutum. »

Le président Favre donne, dans son commentaire de notre titre, de cette règle un motif assez spécieux au premier abord, mais qui en définitive n'est pas satisfaisant. Si la résolution, dit-il, n'avait pas lieu de plein droit, on aboutirait à une impossibilité. En effet, à quel moment le vendeur devrait-il faire sommation à l'acheteur? Si c'est avant l'échéance du terme, on ne peut sommer de payer et, par conséquent, mettre en demeure, que celui qu'on peut contraindre à un payement immédiat. Si, au contraire, c'est à l'échéance du terme, en réclamant le prix, le vendeur reconnaîtrait la vente comme existante, en d'autres termes il renoncerait à se prévaloir de la *lex commissoria.*

Ce raisonnement n'est qu'un cercle vicieux : en effet, comment concevoir que pour donner ouverture au pacte commissoire une sommation soit nécessaire, et que cette sommation de payer, témoignage de l'existence de la vente, fasse précisément perdre au vendeur le droit de se prévaloir de la résolution?

Nous avons vu qu'un simple acte extrajudiciaire ne suffisait pas pour faire perdre au vendeur son droit d'option, et que surtout c'est bien là le sens du § 4 de la loi 4. Il est alors évident que le savant président confond le simple avertissement avec la demande en justice. Il est certain que si le vendeur agit en justice pour demander son prix, il ne peut plus invoquer la résolution; car, et nous le verrons bientôt, lorsqu'un individu a le choix entre deux actions, l'exercice de l'une implique renonciation à l'autre; mais, nous le répétons, il ne s'agit ici que de la simple sommation. Nous en tenant aux principes, disons donc que si la résolution n'avait pas été encourue de plein droit par suite du défaut de payement, la fixation d'un terme n'aurait eu qu'une utilité, celle de déterminer un délai *minimum* pendant lequel le vendeur n'eût pu demander la résolution, *minimum* susceptible de s'étendre jusqu'à la sommation.

Mais le vendeur est-il obligé d'exercer immédiatement son droit d'option? Le délai passé, l'acheteur peut-il purger sa demeure en offrant de payer son prix, et imposer ainsi au vendeur le maintien du contrat?

La *lex commissoria* n'étant au fond qu'une clause générale, la négative nous semble résulter péremptoirement de ce texte d'Africain, « De illo sane potest dubitari, si interpellatus ipse moram fecerit : an quamvis pecuniam postea offerat, nihilominus pœna committatur? *Et hoc rectius dicitur.* »

Cette solution n'est pourtant pas admise par tous les interprètes. Ceux qui la repoussent, et il n'en pouvait guère être autrement, ne sont pas d'accord entre eux. Les plus radicaux formulent ainsi leur théorie : Aussitôt que le terme est arrivé, le vendeur doit choisir le parti auquel il entend s'arrêter; il est en demeure de faire immédiatement son option, comme l'acheteur est en demeure de la subir, et, s'il tarde à se décider, le payement du prix peut devancer son option, qui dès lors lui est irrévocablement enlevée. Seule la loi 4, § 2, h. tit., sert de base à ce système : « Eleganter Papinianus libro tertio responsorum scribit, statim at-

que commissa lex est, statuere venditorem debere, utrum commissoriam elegit, postea variare.»
Quoi de plus clair et de plus décisif, nous dit-on,
que ces mots : *statim atque commissa lex est?*..

Notre réponse est aussi simple que péremptoire.
La solution donnée par Papinien est de tout point
étrangère à la question. En effet, elle ne dit en
rien si c'est spontanément et immédiatement dès
que la *lex commissoria,* ou si ce n'est pas plutôt immédiatement après que l'acheteur l'a sommé de se
prononcer, que le vendeur est tenu d'opter. — Ce
n'est pas tout: la doctrine que nous venons de repousser aboutit à cette iniquité, qu'au mépris de
la convention, alors que la condition résolutoire
est arrivée, que *lex commissoria est,* la position de
l'acheteur n'est en rien empirée, puisqu'il conserve la faculté de payer, et partant, de maintenir la vente. Quelle a donc été pour le vendeur
l'utilité du terme apposé?

C'est afin d'éviter ce résultat que quelques-uns
de nos adversaires ont imaginé ce tempérament
d'accorder au vendeur un délai, *modicum tempus,*
en s'appuyant par analogie, sur la loi 21, § 1, *De
pecunia constituta* (Dig. XIII, 5). « Si sine die consti-
tuas, potest quidem dici, te non teneri, licet
verba edicti late pateant; alloquin et confestim
agi tecum poterit, si statim, ut constituisti, non
solvas : sed modicum tempus statuendum est, non
minus decem dierum, ut exactio celebretur. »

Cette décision de Paul est parfaitement logique,

le pacte de constitut étant essentiellement à terme.
Mais quelle analogie voit-on entre ce pacte et la
lex commissoria? Tout au plus pourrait-on dire que
le terme est de la nature de cette dernière; mais
jamais on ne pourra sérieusement soutenir qu'il
est de son essence. Si donc l'interprétation du
mot *statim*, que nous rejetons, était exacte, la loi
21, *De pecunia constituta*, ne pourrait jamais en at-
ténuer les rigoureuses conséquences.

On nous oppose encore les lois 73, § 2, et 91, § 3,
De verb. oblig. (Dig. XLV, 1): *Post moram afferendo
purgat moram... posse emendare eam moram postea
afferendo...;* mais il est facile de voir que ces lois
sont sans application ici. Le jurisconsulte Paul,
qui en est l'auteur, ne s'occupe que des débiteurs
de corps certains. Il examine de quelle façon ils
peuvent purger leur demeure pour échaper à la
responsabilité des risques, et non de l'influence
de l'offre postérieure au terme sur la clause pénale, dont l'analogie avec la *lex commissoria*,
comme nous l'avons déjà dit est complète. Or la
loi 23, pr., *De receptis qui arbitrium receperunt ut
sententiam dicant* (Dig. IV, 7), prouve péremptoirement que cette influence est absolument nulle :
« Celsus ait, si arbiter intra kalendas septembres
dari jusserit, nec datum erit : licet postea affera-
tur, attamen semel commissam pœnam compro-
missi non evanescere : quoniam semper verum est,
intra kalendas datum non esse. »

Concluons donc en disant que la résolution de

vente n'est pas encourue parce que l'acheteur ne paye point son prix, mais parce qu'il ne l'a pas payé avant le terme fixé. Le délai une fois expiré sans qu'il y ait eu payement, la vente est résolue, si telle est la volonté du vendeur nonobstant toutes offres postérieures du prix. — Supposons maintenant, dans la seconde hypothèse, *qu'un terme n'a pas été fixé pour l'accomplissement de la* lex commissoria. — Le débiteur n'est alors en demeure qu'après sommation de payer.

Admettons maintenant que l'acheteur a reçu sommation : pour échapper à la résolution lui faut-il s'exécuter immédiatement? L'opinion la plus généralement reçue est qu'il avait un *modicum tempus* pour payer. Nous avons du reste un texte formel, la loi 23, *in fine, De oblig. et act.* : « Nam et si arbiter ex compromisso pecuniam certo die dare jusserit, neque per eum qui dare jussus sit, steterit : non committi pœnam respondit : adeo ut et illud Servius rectissime existimaverit, si quando dies quo pecunia daretur, sententia arbitri comprehensa non esset, modicum spatium datum videri. Hoc idem dicendum, et cum quid ea lege venierit, ut nisi ad diem pretium solutum fuerit, inempta res fiat. »

Mais quel est ce *modicum tempus* après l'expiration duquel la résolution est encourue? Voët propose le terme de soixante jours en s'appuyant par analogie sur la loi 31, § 22, *De ædilitio edicto* : « Si quid ita venierit, ut nisi placuerit intra præfinitum tempus redhibeatur, ea conventio rata habetur : si autem de tempore nihil convenerit, in factum actio intra sexaginta dies utiles accommodatur emptori ad redhibendum, ultra non. » Cette solution d'Ulpien est très-naturelle. On comprend, en effet, que lorsque le sort de la vente est subordonné exclusivement à la libre volonté de l'une des parties, il importe qu'un choix rapide lui soit imposé pour que son contractant ne soit pas indéfiniment à sa merci.

Mais de quel droit l'applique-t-on à notre matière, quand aucune analogie n'existe entre les deux clauses ? L'opinion de Voët est donc tout à fait arbitraire.

Nous pensons que plus probablement la *mora* était une question de fait, susceptible d'être interprétée diversement suivant les circonstances, conformément à la règle de droit commun et du bon sens, si nettement exprimée par un décret d'Antonin le Pieux : « An mora pacta intelligatur, neque constitutione ulla, neque juris auctorum quæstione decidi posse ; cum sit magis facti, quam juris. » (Loi 32, pr., *De usuris.*)

Comme nous l'avons déjà dit, la *lex commissoria* est une sorte de peine infligée à l'acheteur. Elle ne produit donc son effet qu'autant que le vendeur l'invoque, car c'est dans son intérêt seul qu'elle a été insérée dans la vente. S'il en était autrement, il dépendrait de l'acheteur, s'il venait à se repentir de son marché pour n'importe quel motif, de ne pas exécuter son obligation, et de se prévaloir du pacte pour se délier vis-à-vis du vendeur.

Cette faculté laissée au vendeur se concilie très-bien avec cette idée, que le pacte commissoire opère de plein droit; car cela ne veut pas dire qu'il s'opère malgré lui. C'est ainsi que le legs investit de plein droit le légataire, mais ne l'investit pas définitivement et malgré lui.

Pour continuer l'analogie, nous dirons que, de même que le légataire ne peut plus revenir sur l'acceptation qu'il a librement faite, de même le vendeur, qui a deux actions, est irrévocablement lié par le choix de l'une d'elles (L. 6, § 2, huj. tit.). Telle est la conséquence d'un principe général dont nous trouvons encore des applications dans les lois et paragraphes de *Tributoria actione* (Dig. 14, 1, 4 et 20), *De optione vel elect. legat.*

Ainsi le vendeur demande-t-il la résolution de la vente, il ne peut plus rien faire postérieurement qui puisse faire supposer le maintien du contrat; poursuit-il, au contraire, le payement du prix, reçoit-il des à-comptes, des intérêts, il n'est plus recevable à invoquer la *lex commissoria.* Ce faisant en effet, il reconnaît tacitement le contrat comme valable, comme maintenu, puisqu'il n'est dû un prix et des intérêts de ce prix que s'il y a vente. Il en résulte qu'il n'y a point à s'inquiéter du point de savoir si sur sa poursuite il a obtenu ou non le payement. L'option que le vendeur fait est donc définitive (Lois 6, § 2, 7 *h. tit.*; et loi 4, code *De pact. int. empt. et vend.* 4, 54,).

SECTION II.

Inaccomplissement de la lex commissoria.

Il est clair, et nous n'avons pas à insister sur ce point, que la condition résolutoire est défaillie quand l'acheteur, soit volontairement soit sur les poursuites du vendeur, a payé son prix. Mais il nous faut passer en revue les hypothèses où, le prix n'étant pas payé, le défaut de payement n'étant pas imputable à l'acheteur, la résolution n'est point encourue par application de la règle de sens commun : A l'impossible nul n'est tenu. Tel est d'abord le cas où un créancier du vendeur a formé entre les mains de l'acheteur opposition au payement, a fait ce que nous appelons aujourd'hui saisie-arrêt. « Mulier fundos Gaio Seio vendidit, et acceptis arrhæ nomine certis pecuniis, statuta sunt tempora solutioni reliquæ pecuniæ ; quibus si non paruisset emptor, pactus est *ut arrham perderet et inemptæ villæ essent :* die statuto emptor testatus est, *se pecuniam omnem reliquam paratum fuisse exsolvere,* et sacculum cum pecunia signatorum signis obsignabit ; defuisse autem venditricem : posteriore autem die nomine fisci testato conventum emptorem *ne ante mulieri pecuniam ex-*

solverel, quam fisco satisfaceret : quæsitum est an fundi non sint in ea causa, ut a venditrice vindicari debeant ex conventione venditoris? Respondit secundum ea, quæ proponerentur, non commisisse in legem venditionis emptorem. » (Loi 8, *h. tit.*)

Telle est encore l'hypothèse où l'obstacle au payement provient du fait ou de la faute du vendeur lui-même. L'empêchement peut ici résulter de plusieurs circonstances. Ainsi supposons qu'à l'échéance l'acheteur ne trouve personne à qui payer; par exemple, parce que le vendeur est absent et n'a pas laissé de procureur fondé : la loi 4, § 4, de notre titre nous dit formellement qu'il n'encourt pas la résolution, *posse esse securum*, et nous pouvons encore invoquer par analogie les lois 9, § 1, et 17, § 3 ; *De usuris : Quid enim potest imputari ei qui solvere etiam si vellet non potuit?*

Seulement il faut remarquer que de ce que l'acheteur ne peut, par le fait du vendeur, payer momentanément, il ne s'ensuit pas qu'il est désormais à l'abri de la résolution de la vente. Il doit donc se tenir prêt à payer à la première réquisition qui lui en sera faite. C'est ce qui résulte de la loi 51 pr. *De actionib. empt.* (D. 19, 1), ainsi conçue : « Si et per emptorem et venditorem mora fuisset, quominus vinum præberetur et traderetur perinde esse ait, quasi si per emptorem solum stetisset : non enim potest videri mora per venditorem emptori facta esse, ipso moram faciente emptore. » — Il va de soi que nous exceptons le cas où le vendeur aurait évité par dol de recevoir son prix afin de poursuivre l'acheteur à un moment où il savait que celui-ci serait dans l'impossibilité de se libérer.

Il va également de soi que le refus, par le vendeur, de recevoir son payement à l'échéance, ne saurait entraîner la résolution du contrat : autrement, s'il se repentait de son marché, il lui serait par trop facile de s'en départir. Mais, dans ce cas, l'acheteur n'échappe-t-il à la résolution qu'autant que ses offres ont été suivis de la consignation des espèces offertes ?

Des interprètes ont soutenu l'affirmative ; mais leur opinion ne nous semble nullement justifiée.

On se fonde pour la défendre sur la loi 8 de notre titre, où nous lisons : « Die statuto, emptor testatus est, se pecuniam omnem paratum fuisse exsolvere, et sacculum cum pecunia signatorum signio obsignavit. » Mais nous ne trouvons rien là qui ressemble à la consignation telle qu'elle nous est décrite par les textes des jurisconsultes ou par les constitutions impériales. Dans la loi 39, *De solutionibus,* XLVI, 3, Africain s'exprime en ces termes : « Si soluturus pecuniam tibi, jussu tuo, signatam eam apud nummularium, quoad probaretur deposuerim ; » et plus loin : « Si emptor nummos et venditor mercem, quod invicem parum fidei haberent deposuerint. » Ailleurs le jurisconsulte se demande si le tuteur qui a offert le payement du reliquat, en doit encore les intérêts : « Non sufficit obtulisse répond Ulpien, nisi et deposuit obsignatam tuto in loco » (L. 28, Dè administratione et ponento tutor, XXVI, 7). Enfin l'empereur Philippe, dans la loi 19, *De usuris,* nous trace ainsi avec détails les formes de la consignation : « Acceptam mutuo sortem cum usuris licitis creditoribus post contestationem afferas ; at si non suscipiant, consignatam in publico depone, ut cursus legitimarum usurarum inhibeatur : in hoc autem casu publicum intelligi oportet, vel sacratissimas œdes, vel ubi competens judex super ea re aditus deponi eas disposuerit : quo subsecuto, etiam periculo debitor liberatur, et jus pignorum tolletur » (C. 4, 32).

On chercherait vainement une disposition analogue dans la loi 8 de notre titre. Nulle part elle n'exige de l'acheteur une consignation des espèces. Bien plus, cette idée même est énergiquement repoussée par la suite du texte, qui suppose que postérieurement à cette apposition des cachets, le fisc est venu faire saisie-arrêt aux mains de l'acheteur, Quelle serait la partie de cette saisie si l'acheteur s'était trouvé libéré par l'effet de la consignation ?

Enfin, on invoque contre notre opinion, la loi 7, C., *De pactis inter emptorem et venditorem* : « Si a te comparavit is, cujus meministi et concessit, ut si intra certum tempus soluta fuerit data quantitas, sit res inempta, remitti hanc conventionem rescripto nostro non jure petis. Sed si se substrahat, ut jure dominii eamdem rem retineat : denunciationis et obsignationis depositionisque remedio

contra fraudem potes jure tuo consulere. » Mais
cette hypothèse suppose un cas tout différent du
pacte commissoire, celui d'une vente avec faculté
de rachat ; et ces deux conventions sont loin d'être
les mêmes. Dans celle-ci, en effet, la consignation
a pour effet d'anéantir le contrat, tandis que dans
la première son but serait de le valider, et l'on
conçoit que la loi se montre plus exigeante lorsqu'il s'agit de la résolution d'un contrat que de son
maintien, et nous croyons devoir nous en tenir
dans l'espèce qui nous occupe à la formule d'Ulpien : *Si non habet cui afferat posse esse securum.*

Il nous reste à indiquer un dernier cas, où, bien
qu'il n'y ait pas eu payement à l'époque convenue,
la résolution n'a pas lieu : c'est lorsque le vendeur
ne remplit pas lui-même ses engagements. Telle
est l'hypothèse prévue par la loi 10, § 1, *De rescindenda venditione*, XVIII, 5, dont voici la para-
phrase : « L'acheteur d'un immeuble, craignant
d'être recherché par Numeria et Sempronia, fait
insérer dans la vente une clause en vertu de laquelle il retiendra une portion du prix jusqu'à ce
que son vendeur lui ait donné caution.

Ex intervallo les parties adjoignent à leur contrat la lex commisoria, en fixant un délai passé
lequel la vente sera résolue si le prix n'est pas
entièrement payé. Avant l'expiration dudit délai,
le vendeur plaide victorieusement avec Numeria
et transige avec Sempronia ; de sorte que l'acheteur n'a plus à craindre d'être inquiété par elle.

Mais la condition promise n'est pas fournie, et le prix n'est pas payé en entier à l'échéance : la vente sera-t-elle résolue? Non, car il était convenu que l'acheteur ne payerait complétement son prix, que si un garant lui était donné. Il est vrai, sans doute, qu'il n'a plus rien à craindre de Numeria et de Sempronia ; mais l'obligation, par le vendeur, de fournir caution, était conçue en termes généraux pour parer à toutes les éventualités ; et tant qu'il n'a pas exécuté la totalité de ses engagements, l'acheteur peut impunément refuser de parfaire le payement.

En dehors des espèces que nous venons d'examiner, faut-il admettre d'autres excuses pour l'acheteur qui n'a pas payé au jour fixé? Faut-il, par exemple, appliquer toutes celles qui sont énumérées par la loi 2, *Si quis cautionib. in judic. sist* (I, 11)? Nous ne le pensons point. La résolution de la vente n'est pas seulement une peine contre l'acheteur : c'est aussi pour le vendeur, la réparation d'un dommage qu'un retard a pu lui causer. Et d'ailleurs l'hypothèse réglée par cette loi 2 diffère sensiblement de la nôtre. On comprend que, si appelé aujourd'hui en justice, j'ai été empêché par un cas de force majeure de m'y présenter, je ne dois subir aucune peine. Mais il en est tout autrement dans le cas de la *Lex commissoria :* l'acheteur est puni, non pas pour avoir payé tel jour ; les empêchements qui lui surviendraient le jour de l'échéance ne peuvent donc le relever de la déchéance qu'il doit encourir.

La loi 38, *De minoribus*, ne peut pas non plus servir d'argument pour soutenir que l'âge du débiteur peut le protéger contre les suites fâcheuses du pacte commissoire, contracté par son auteur. Ce texte contient une décision toute de faveur et que, partant, on ne saurait étendre au delà de l'hypothèse spéciale qui y est prévue.

— Parfois les parties convenaient qu'en cas d'accomplissement du pacte commissoire, le vendeur aurait le droit de revendre la chose. Dans l'espèce, si le prix obtenu de cette revente était inférieur au premier, l'acheteur serait tenu de la différence.

— Quand il n'y a pas résolution le contrat est réputé avoir été fait pur et simple *ab initio*, et sort tous les effets que la vente est susceptible de produire.

———o§o———

3

CHAPITRE III.

EFFET DE LA LEX COMMISSORIA.

Nous savons que si la *lex commissoria* ne se réalise pas, la vente devient pure et simple; dans le cas, au contraire, où la condition résolutoire se réalise, la vente est comme non avenue. Il semble alors, que tous ses effets doivent disparaître avec elle. Non, les conséquences résultant de l'accomplissement de la condition sont différentes d'après le degré d'exécution que le contrat avait reçu du vendeur.

Nous avons vu que le vendeur, lors de l'arrivée de la condition résolutoire, doit faire une option. Il peut, d'une part, maintenir le contrat et poursuivre son payement par l'action *venditi*; d'autre part, s'il le préfère, il lui est permis, en invoquant le pacte commissoire, de réclamer la chose vendue, et l'acheteur, s'il est devenu propriétaire, est alors tenu de lui en retransférer la propriété. En supposant qu'il prenne ce dernier parti, quelle est l'action qui lui compète? Il est certain qu'on lui donnait l'*actio venditi* avant Auguste; mais sous ce prince, les Sabiniens et les Proculéiens, d'accord sur ce point qu'il ne pouvait agir qu'*in personam*, se divisèrent sur l'action.

Aux yeux des Proculéiens l'action *venditi* était un

non-sens : comment, en effet, admettre que destinée à servir de sanction au contrat, elle puisse être employée pour le faire mettre à néant? En conséquence ils proposèrent de lui substituer l'action *præscriptis verbis*, qu'ils ont créée, et qu'ils appliquent toutes les fois que la logique inflexible des principes anciens semble interdire toute voie de recours. Du reste, leur opinion est parfaitement justifiable : « Le vendeur a livré une chose pour qu'à un certain moment elle lui soit restituée, si tel fait arrive. Le contrat semble bien alors être un contrat innomé, sinon *do ut des*, du moins, *do ut reddas*; et alors l'action *præscriptis verbis* s'offre d'elle-même (1). »

Les Sabiniens, au contraire, en haine des innovations et par rivalité d'école, cherchèrent à maintenir l'action *venditi*. De ce que la chose *fiat inempta*, disent-ils, il n'en est pas moins vrai que la vente s'est formée entre les parties et que le pacte commissoire ajouté *in continenti* en fait partie : ainsi donc l'invoquer c'est toujours agir en vertu du contrat, qui subsiste toujours, au moins quant à cette clause, qui sert à anéantir toutes les autres. D'ailleurs dans les instances de bonne foi, il faut avoir égard à la volonté des parties : or ici il est certain, qu'en insérant cette condition résolutoire, leur but a été, non pas de dégager l'ache-

<hr>

(1) M. Léveillé, *de la Résolution*, p. 44 ; M. Accarias, *Théorie des contrats innomés*, p. 57 et suiv.

teur qui ne paye point, et de lui fournir ainsi un moyen de se délier, mais bien de promettre au vendeur de le punir par la résolution du contrat.

Il est très-probable que ce fut d'abord la doctrine des Proculéiens qui l'emporta parce que l'action *præscriptis verbis*, toutes les fois qu'il y avait des doutes sur la voie de recours à employer, coupait court à toutes les difficultés (Loi 1851, *de Præscriptis verbis*). Plus tard des rescrits de Sévère et d'Antonin cousacrèrent l'action *venditi* (Loi 4, pr. h. tit.); mais on ne peut affirmer la disparition complète de la doctrine Proculéienne, car certains textes semblent attester la coexistence des deux actions. Voir notamment la loi 2 au Code *de Pact. int. empl et vend.*, IV, 54, et la loi 6, Dig., *de Rescindenda venditione*.

Du reste cette controverse n'était que purement théorique; puisque les deux doctrines supposaient l'obligation imposée à l'acheteur de retransférer la propriété.

Quoi qu'il en soit, l'opinion des Sabiniens ayant prévalu, il nous faut comparer l'action *venditi*, tendant à la résolution du contrat, à la même action *venditi* tendant au payement du prix. Celle-ci est invariablement et toujours de bonne foi, suivant que l'acheteur au moment où il est actionné, possède ou ne possède pas. En admettant comme le font beaucoup d'interprètes, que l'*arbitratus* du juge sort exécutoire *manu militari*, on comprend combien il est important pour le vendeur que son action ait le premier de ces caractères quand son adversaire est en possession.

Mais ce caractère alternatif de l'action *venditi* n'étant pas admis par tout le monde, nous devons insister, reproduire et réfuter les objections qu'on fait à notre théorie.

1° Et d'abord, on nous dit que la formule de l'action *venditi* ne contient jamais la restriction *nisi restituat*. La raison en est bien simple : c'est que, comme nous avons eu le soin d'en faire la remarque, elle n'est arbitraire qu'au cas où l'acheteur possède la chose vendue, tandis que les actions personnelles, arbitraires proprement dites gardent toujours leur caractère, que le défendeur soit ou non en possession : *Qui dolo desiit possidere, possidere censetur.*

2° En second lieu, et c'est l'argument principal de nos adversaires, on nous objecte qu'une même action ne saurait être tout à la fois de bonne foi et arbitraire ; mais des textes nombreux nous fournissent une réponse péremptoire. C'est d'abord le § 28 *De actionibus* aux instituts de Justinien, duquel il résulte, que la pétition d'hérédité, qui était incontestablement une action arbitraire, comme la loi 10, § 1, Dig., *De hæreditatis petitione*, était sous certains rapports de bonne foi. C'est ensuite le § 47 du Commentaire 4 des *Instituts* de Gaius, qui nous donne la formule de l'action *depositi in jus concepta :* dans la condamnation se trouvent les lettres N. R., qui sont évidemment l'abréviation des mots *nisi restituat*, ainsi qu'il ressort de la loi 1, § 21, Dig., depositi vel contra. Enfin dans le même texte de Gaius, nous trouvons encore la formule de l'action *depositi in factum composita*, formule qui nous indique que ladite action de bonne foi était en même temps arbitraire : *Judex esto. Si paret Aulum Agerium apud Numerium Negidium mensam argenteam deposuisse, eamque dolo malo Numerii Negidii Aulo Agerio* REDDITAM NON ESSE...... Il est vrai que ces derniers mots se trouvent dans l'*intentio*, tandis qu'ordinairement ils sont placés dans la *condemnatio*; mais ce n'était pas là un des caractères essentiels de l'action arbitraire, ainsi que le prouvent la formule de l'action *quod metus causa* et celle de la revendication.

Tenons donc pour certain qu'une action de bonne foi peut être en même temps arbitraire dans certains cas (1) Et il n'y a réellement pas là de quoi nous étonner, quand nous voyons que, réciproquement, parfois une action arbitraire *bonæ fidei judicium constituitur*, et, bien mieux, une action de bonne foi devient *stricti juris*. Voir au Dig. la loi 42, *De mortis causa donationibus*, et au Code la loi 3, *De exceptionibus*.

Ajoutons en terminant que notre solution, seule, peut fournir une conciliation satisfaisante des lois 3 et 4 au Code *De pactis inter empt. et vendit.*, dont voici le texte : « Qui ea lege prædium vendidit, *ut nisi reliquum prætium intra certum tempus restitutum esset ad se reverteretur* : si

____

(1) M. Accarias, p. 70 et suiv.

non precariam possessionem tradidit, rei vindicationem non habet, sed actionem ex vendito. »
(Loi 3.)

« Commissoriæ venditionis legem exercere non
potest, qui post præstitutum prætii solvendi diem,
non vindicationem rei eligere, sed usurarum prætii petitionem sequi maluit. » (Loi 4.)

Ou le vendeur a livré ou il n'a pas livré la
chose vendue. S'il a livré (c'est l'hypothèse prévue par la loi 4), il peut prendre deux partis, exercer deux actions : ou l'action *venditi* ordinaire,
pour arriver au payement du prix, ou l'action
venditi résolutoire, tendant à la restitution de la
chose vendue (*vindicationem rei*). Mais le choix de
l'une d'elles apporte déchéance du droit de recourir à l'autre. Il paraît étrange, au premier
abord, d'entendre le mot *vindicatio* qui, dans sa
signification propre, veut dire action réelle en revendication, comme synonyme d'action *venditi* résolutoire personnelle, tendant à la reprise de l'objet vendu ; mais n'oublions pas que les textes du
Code ne sont pas toujours d'une langue juridique
très-pure. C'est ainsi que le mot *petitio*, qui signifie ordinairement action réelle, est employé dans
notre loi 4 dans le sens d'action personnelle tendant au payement des intérêts du prix. Il n'est
pas, en outre, sans exemple de voir *vindicatio* em
ployé dans le sens d'action personnelle. Nous
pouvons citer notamment la loi 7 au Code *De
revocand. donat.* (VIII, 56) : « ... Actionem vero ma-

tris ita personalem esse volumus, ut vindicationis tantum habeat affectum : nec in hæredem detur, nec tribuatur hæredi. » — Voir en outre Inst. Just., § 13, *De lege Aquilia*, et Gaius Comm. III, § 217.

Le vendeur s'il n'a pas livré, *si non precariam possessionem tradidit*, il n'a plus qu'une seule action, l'action *venditi* ordinaire, pour obtenir ou son prix ou la résolution du contrat. Telle est la décision de la loi 8 (1).

— Remarquons maintenant que, dans les autres systèmes, on arrive à des conciliations, qui ne sont point acceptables, on rejette entièrement ces deux textes. Il est, dans tous les cas, difficile d'admettre qu'ils se contredisent tout à fait, et qu'il est nécessaire d'en sacrifier un, car les compilateurs de Justinien les ont tellement rapprochés qu'il est évident que leurs décisions ne se combattent pas mutuellement, surtout si l'on considère qu'ils émanent du même empereur. Nous examinerons plus loin quelques-unes des explications qui ont été proposées.

Tenons donc pour certain que l'action *venditi* résolutoire est arbitraire, lorsque l'acheteur possède.

Mais cette action arbitraire, avantageuse dans beaucoup de cas, ne protégeait pas toujours le vendeur d'une manière complète. Le vendeur avait,

(1) M. Léveillé, *de la Résolution*, p. 50, 51.

en effet, à craindre que son acheteur n'aliénât la chose, ou ne la grévât d'hypothèques ou de servitudes, tant qu'il ne lui en avait pas retransféré la propriété. Aussi certains jurisconsultes admirent-ils que, la résolution se réalisant, l'acheteur devait être réputé n'avoir jamais été propriétaire, pour faire tomber tous les droits par lui conférés. Ce retour légal de la propriété entre les mains du vendeur, ne compte d'abord que quelques partisans; mais peu à peu il finit par prévaloir.

C'est surtout à Ulpien que revient cet honneur, d'avoir le premier adopté catégoriquement ce système non pas qu'il l'ait inventé; mais il en fut le partisan le plus convaincu et le plus autorisé, et lui a donné son nom : pour justifier ou mieux pour fortifier ses idées, on le voit prendre le soin de rechercher partout la décision des autres jurisconsultes. C'est ainsi que dans la loi 4, § 3, *de in diem addictione* (Dig. 18. 2), il cite l'opinion du jurisconsulte Marcellus : « Sed et Marcellus libro 5 Digestorum scribit, pignore venditio, et in diem addicto fundo, si melior conditio allata sit, rem pignori esse desinere, si emptor eum fundum pignori dedisset, » et il fait remarquer lui-même à la fin du texte que l'acheteur était propriétaire; qu'autrement il n'aurait pu engager l'immeuble.

Paul dans la loi 9, pr., *De aqua et aquæ pluviæ arcendo* (Dig. 39. 3), s'inspire de la même doctrine : « In diem addicto prædio emptoris et venditoris voluntas exquirenda est : ut sive remanserit, cer-

tum sit, voluntate domini factum aquæ cessionem. »
Il s'agit de constituer une servitude sur le fonds
vendu, avec la clause d'*addictio in diem*. Paul con-
seille à l'acquéreur de la servitude d'obtenir le
consentement et du vendeur et de l'acheteur. Pourquoi ce double consentement, si ce n'est parce que,
si la condition résolutoire se réalise, l'immeuble
doit faire retour au vendeur, libre de toutes charges,
établies du chef de l'acheteur : *quia recidere solidum
jus ad eum potest*, dit la même loi, §2, in fine. Il est
évident, qu'exigeant l'intervention des deux parties, l'acquéreur de la servitude se met à l'abri de
la résolution de son contrat d'acquisition ; car
quel que soit le sort ultérieur de la vente, le droit
qui lui est conféré l'aura été par le véritable propriétaire.

Ulpien applique sa théorie à d'autres matières
que la vente. Dans la loi 29, De mortis causa donationibus (Dig. 39. 6), il pose nettement les deux cas
de donation conditionnelle et de donation résoluble, et, dans les deux hypothèses il donne au dona-
teur une action *in rem* pour recouvrer la chose
donnée : « Si mortis causa res donata est, et con-
valuit, qui donavit : videndum, an habeat in rem
actionem ? Et si quidem quis cui donavit, ut si mors
contigisset, tunc haberet, cui donatum est : sine
dubio donator poterit rem vindicare : mortuo eo,
tunc is cui donatum est. Si vero sic, ut jam nunc
haberet ; redderet, si convaluisset, vel de prælio,
vel peregre rediisset : potest defendi, in rem com-

petere donatori, si quid horum contigisset : interim autem et cui donatum est. Sed et si morte præventum sit is, cui donatum est, adhuc quis dabit in rem donatori. »

Mais il est surtout affirmatif dans la loi 41, *pr. de rei. vind.* (Dig. 6. 1). « Si quis eâ lege emerit, ut si alius meliorem conditionem attulerit, recedatur ab emptione, post allatam conditionem, jam non potest in rem actione uti. Sed et si cui in diem addictus sit fundus, antequam adjectio sit facta, uti in rem actione potest : postea, non poterit. »

Il est vrai qu'Ulpien, qui fait l'application de sa doctrine à la donation à cause de mort et à l'*addictio in diem*, néglige de donner la même solution, de proclamer le même principe dans la loi 4, pr. de notre titre, où il se borne à dire au sujet du recours qui sert de sanction au pacte commissoire, que les rescrits d'Antonin et de Sévère ont consacré l'action *venditi*; mais les termes qu'il emploie ne sont pas limitatifs, et cette omission s'explique par le but qu'il se propose dans ce texte, qui est seulement d'expliquer que le vendeur, s'il veut agir *in personam*, peut le faire *ex vendito*.

Quoi qu'il en soit, sa théorie ne fut pas admise sans difficulté ; et nous avons des textes qui prouvent la résistance qu'elle rencontra. Et d'abord, nous la voyons condamnée dans une constitution des empereurs Dioclétien et Maximien : « Si stipendiariorum prædiorum proprietatem dono dedisti, ita ut post mortem ejus, qui accepit, ad te rediret, donatio irrita est, cum ad tempus proprietas transferri nequiverit » (Frag. Vat., § 283). Ainsi, d'après ces princes, la transmission de la propriété une fois effectuée, est irrévocable; et cette irrévocabilité est tellement de l'essence de la propriété, qu'une clause contraire suffit pour invalider une donation. Cette décision est tout à fait contraire à celle des lois 41, *de rei vindicatione* et 8, *de lege commissoria*. Elle s'explique par les dissentiments qui séparaient les jurisconsultes, et il ne faut pas tenter une conciliation impossible.

Rappelons en outre que les lois 3 et 4 au Code, *de pactis inter emptorem et venditorem*, sainement entendues, loin de donner au vendeur une action *in rem*, ne lui confèrent que l'action *venditi* que l'acheteur possède ou non.

La résistance au système d'Ulpien fut aussi longue que vive. Cependant il est certain qu'il prévalut. Justinien le sanctionna dans la constitution qui forme la loi 2 au Code, *de Donat. quæ sub modo*, VIII, 55, et par l'insertion aux Pandectes des textes d'Ulpien, de Marcellus, de Scevola et de Paul.

En rapprochant la loi 2 du § 283, *Frag. Vaticana*, on s'aperçoit que la loi 2 est la reproduction du paragraphe des *Vaticana fragmenta*, sauf les modifications qui prouvent la différence des théories; et ce qui peut nous frapper, est que la constitution, ainsi refondue du tout au tout, continue à porter les noms de Dioclétien et de Maximien. Ce remaniement, que nous pouvons fort bien apprécier, puisque le texte de la constitution primitive a été retrouvé, nous montre de quelle façon procédaient les commissaires de Justinien dans la rédaction des Pandectes. Il ne s'agit plus de fonds stipendiaires, mais de choses quelconques ; là où nous lisions *donatio irrita est*, Justinien a substitué ces mots *donatio valet ;* et le principe fondamental *cum ad tempus proprietas transferri nequiverit*, est remplacé par la règle contraire *cum etiam ad tempus certum, vel incertum ea fieri potest, lege scilicet, quæ ei imposita est, conservanda.* En présence de ce texte comparé avec le § 283, *Frag. Vatic.*, le doute n'est plus permis : le retour légal de la propriété est manifestement consacré. Il ne faut donc voir qu'un oubli dans le maintien de la loi 3 au Code, *de Pactis inter empt. et vend.* Au reste, il n'est pas rare de rencontrer dans la compilation de Justinien des vestiges d'une doctrine surannée, qui ne peuvent être d'aucun poids contre les textes plus récents, expression du dernier état du droit.

Nous pouvons maintenant résumer toute nôtre théorie. A l'origine, le vendeur, qui n'était plus propriétaire, avait simplement l'action *venditi* personnelle. Comment, s'il en avait été autrement, expliquer l'emploi de la fiducie, comme équivalent à la constitution de gage, avant l'admission du *pignus ?* Comment le débiteur qui voulait donner sa chose en gage, aurait-il consenti à en transférer la propriété en ne se réservant que le droit d'en exiger la rétrocession, après le payement de sa dette, s'il eût pu sauvegarder plus énergiquement ses intérêts en transportant la propriété *donec pecunia solvatur* de manière à la recouvrer de plein droit dès qu'il aurait satisfait le créancier (1)?

Plus tard, l'action *præscriptis verbis* ou *venditi* personnelle, arbitraire, ne parut plus suffisante à certains jurisconsultes, et ils soutinrent que la propriété pouvait être transportée à temps; qu'une tradition faite sous condition résolutoire ne pouvait donner qu'un droit résoluble, et que cette condition réalisée devait opérer par elle-même et à l'égard de tous, le retour de la propriété, et à l'égard du vendeur. Des résistances se produisirent; mais il est hors de doute que Justinien a consacré cette doctrine dans la loi 2 au Code, *de Donat. quæ sub modo* (2).

Après avoir indiqué l'interprétation qui nous paraissait la meilleure des lois 3 et 4 au Code *de Pactis inter empt. et vend.*, nous avons réservé l'examen de quelques-unes des nombreuses conciliations qui ont été imaginées par les inter-

(1) M. Bufnoir, *Théorie de la condition en droit romain*, p. 161 ; M. Accarias, p. 256.

(2) La théorie que nous avons exposée a été imaginée par le doyen de la Faculté de Paris, M. Pellat. Elle a été aussi admise par MM. Ortolan (*Expl. hist. des Instit.*, t. II, p. 576), Demangeat (*Cours élément.*, t. I, p. 566 et 572) et Bufnoir (*Op. cit.*, p. 159 et 177) l'enseignent également. Nous ne l'avons modifiée qu'en un point, avec M. Léveillé (p. 45-55), en soutenant que l'action *venditi* personnelle résolutoire est arbitraire, quand elle est dirigée contre un acheteur qui possède encore.

prêtes : nous allons les passer en revue aussi som-
mairement que possible.

1° Le vendeur, qui a inséré la *lex commissoria*
dans la vente, a livré la chose à l'acheteur ; s'il
n'est pas payé il n'a que l'action *venditi* ; et telle est
l'hypothèse réglée par la loi 3. Maintenant il est
naturel de penser que la loi 4 suppose le cas exclu
par la loi 3 : si l'acheteur n'a reçu qu'une possession précaire, le vendeur, outre l'action *venditi*,
peut s'il le préfère agir en revendication. — Cette
première explication est purement divinatoire ;
car dans la loi 4 nous ne trouvons aucune trace de
possession précaire remise à l'acheteur, pas plus
que dans la loi 8, Dig., *de Lege commissoria*.

2° La clause commissoire peut être soit suspensive, et le vendeur, après qu'elle s'est réalisée, re-
vendique ; c'est à ce cas que se réfère la loi 4 ; soit
résolutoire et le vendeur n'a que l'action *venditi*
conformément à la loi 3. Nous reprochons à cette
interprétation, comme à la précédente, de ne re-
poser que sur des suppositions toutes gratuites.

3° L'intention des parties forme la loi des conventions. Or, lorsqu'il s'agit d'interpréter cette
intention, il n'y a pas de guide plus sûr que les
termes mêmes qui servent à l'exprimer. Ainsi les
contractants ont-ils parlé au présent, l'*instrumentum*, par exemple, porte etc : qu'à défaut de
payement *fundus sit inemptus, emptio nulla sit* ;
cette rédaction est directe (*verba directa sunt*), et
implique la volonté que la clause, la condition

réalisée, opère de plein droit si le vendeur l'invoque, sans qu'il ait besoin d'une rétrocession. En d'autres termes la résolution résulte virtuellement du contrat lui-même ; tel est le cas réglé par la loi 4.

Que si, au contraire, la rédaction est plus ou moins indécise (*verba obliquá*) ; les parties parlent-elles au futur ; ont-elles dit, par exemple, qu'à défaut de payement *fundus redeat, revertatur :* leur intention n'est plus aussi caractérisée, et le vendeur n'a que l'action *ex vendito* pour contraindre l'acheteur à lui transférer la propriété et c'est l'hypothèse visée par la loi 3. — Ce système n'est pas plus convaincant que les autres. N'est-il pas étrange, en effet de faire dépendre dans un contrat de bonne foi, l'efficacité d'une clause d'un hasard de rédaction ? Mais encore quelle différence réelle et sérieuse peut-on avoir entre les paroles obliques ? Celles-ci sont tout aussi expressives que celles-là et il nous paraît impossible de découvrir plus d'ambiguïté ou d'équivoque dans les secondes que dans les premières. Enfin la loi 1 au code du même titre, la loi 8, Dig., *De lege commissoria*, se servent de *verba obliqua*, et cependant elles donnent l'action *in rem*, tandis que d'autres textes (lois 4 *De lege comm.* ; 6, § 1, *De contrahend. empt.*) ne donnent que l'action personnelle *venditi*, bien que supposant l'emploi de *verba directa*.

Nous pouvons maintenant reprendre l'examen des effets de la résolution. Qu'arrive-t-il si l'ache-

teur a reçu la chose à *non domino*, le vendeur n'é-
tant pas propriétaire? Il faut distinguer, à cet
égard, si l'usucapion est ou n'est pas encore accomplie.

Au premier cas, quand l'usucapion est accomplie, le pacte commissoire se réalise. Le véritable
propriétaire perd tous droits sur la chose et avec
eux son action en revendication (loi 13, *De mortis
causa donat.*, Dig. 39, 5). Mais l'acheteur se trouve
avoir usucapé pour un autre, et par l'action *venditi*
il peut être contraint à transférer la chose au vendeur, car il ne peut d'aucune manière se prévaloir contre lui du contrat de vente, qui par sa
faute est anéanti.

Au deuxième cas, lorsque l'usucapion *pro emptore* n'est pas encore accomplie, il est hors de doute
que le véritable propriétaire peut seul revendiquer,
car il n'a rien perdu de ses droits; le vendeur n'a
donc contre l'acheteur que l'action *venditi*. Mais
ici s'élève une difficulté. L'acheteur n'ayant pas
payé remet la chose à son vendeur, après l'avoir
possédée un certain temps; ce dernier peut-il, afin
d'arriver à l'*usucapion*, joindre sa propre possession à celle de son acheteur? L'affirmative n'a prévalu qu'après controverse, comme le prouve la loi
13, § 2, *De adquir. vel amit. possessione*, texte d'Ulpien, dans lequel il est question de l'action rédhibitoire : « Prætereà quæritur, si quis hominem
venditori redhibuerit : an accessione uti possit ex
persona ejus? Et sunt, qui putent, non posse : quia

venditionis est resolutio, redhibitio ; alii, emptorem venditoris accessione usurum, et venditorem
emptoris : quod magis probandum puto. »

Javolenus dans la loi 19, *De usurp. et usucap.* (Dig.,
41, 3), professe la même doctrine, déjà enseignée par
Africain, précisément quant au pacte commissoire
dans la loi 6, § 1, *De divers. tempor.*, (Dig., 44, 3). Le
motif donné par ce dernier prudent est que la résolution, au point de vue qui nous occupe, est
assimilée à une nouvelle vente consentie au vendeur qui devient ainsi l'ayant cause de l'acheteur.
Il reste néanmoins difficile de s'expliquer comment
le vendeur qui, par l'effet de notre pacte, est censé
n'avoir jamais vendu, est réputé d'autre part tenir
la chose de l'acheteur. Il vaut mieux, ce nous semble, dire que la vente étant anéantie rétroactivement, l'acheteur n'a été qu'un détenteur précaire,
n'a possédé que pour le compte du vendeur.

Nous avons dit précédemment que les risques
sont à la charge de l'acheteur pendant que la
condition est en suspens. En est-il encore de
même lorsqu'elle est réalisée? La question n'est
guère susceptible de se présenter en pratique ; car
de deux choses l'une : ou la chose a péri en totalité, où elle s'est fortement dépréciée, et alors le
vendeur qui a la faculté, mais non l'obligation d'invoquer la résolution, demande le payement inté-
gral du prix, et laisse ainsi la perte pour l'acheteur ;
ou la perte est partielle et de peu d'importance,
et alors le vendeur, s'il le croit de son intérêt,

peut demander la résolution, à charge de supporter la détérioration,

L'acheteur, et nous le savons aussi, après avoir encouru la résolution de la vente, doit restituer la chose elle-même : en est-il de même des fruits qu'il a perçus *pendente conditione ?* Nératius, dans la loi 5 de notre titre, enseigne catégoriquement l'affirmative : « Lege fundo vendito dicta, ut, si intra certum tempus pretium solutum non sit, res inempta sit, de fructibus, quos interim emptor percepisset, hoc agi intelligendum est, ut emptor interim eos sibi suo quoque jure perciperet ; sed si fundus revenisset, Aristo existimabat, venditori de his judicium in emptorem dandum esse : quia nihil penes eum residere oporteret ex re, in qua fidem fefellisset. » Le motif que ce jurisconsulte nous donne de sa solution (*quia nihil penes eum residere oporteret ex re, in qua fidem fefellisset*), quoique vrai en lui-même, n'est pas suffisant pour la justifier ; il est clair, en effet, qu'il ne peut s'appliquer à la vente résolue en vertu du pacte d'*addictio in diem ;* et cependant nous voyons Ulpien (lois 4, § 4, et 6, pr., *De in diem addictione*) professer la même doctrine. Il faut donc chercher une raison plus générale. Nous la trouvons dans cette règle que celui qui intente une action même de droit strict, tendant à une restitution, peut exiger tous les fruits perçus même avant la mort (lois 88, § 2, *De usuris* Dig. XXII, 1 ; 178, § 1, *De regulis juris*, XVII, 50, et 65. § 5, *De condict.*

indeb. XII, 6). Ajoutons, en outre, que dans notre espèce l'acheteur se trouve avoir recueilli les fruits sans titre; car le contrat qui lui en donnait un est rétroactivement anéanti, et tous les effets qu'il a produit doivent tomber avec lui. Il est bien entendu que les fruits ne sont restitués que déduction faite des charges de la jouissance (loi 36, § 5, *De hæred. petit.* Dig. V, 3).

On a cependant nié l'obligation imposée à l'acheteur de restituer les fruits, en se fondant sur les lois 2, § 1, *De in diem addict.*, et 2, § 4, *Pro emptore*, qui prouvent clairement, dit-on, que les fruits restent à l'acheteur qui les a perçus. Il nous suffit de faire remarquer que ces textes ne visent que l'intervalle qui sépare le contrat de la résolution, et qu'en outre il est clair qu'ils supposent que le prix a été payé, ce qui légitime parfaitement la solution qu'ils formulent. On a dit encore que l'acheteur doit être traité comme un possesseur de bonne foi, et que, par suite, la perception des fruits accomplie le met à l'abri de toute restitution ultérieure. Ce raisonnement serait exact vis-à-vis du véritable propriétaire, s'il était autre que le vendeur; mais vis-à-vis de ce dernier, il n'est d'aucune valeur. Il serait bizarre, en effet, de voir l'acheteur argumenter de sa bonne foi en s'appuyant sur un contrat qui n'a été rompu que par sa faute ou sa négligence.

Si l'acheteur a fait des dépenses nécessaires, le vendeur doit les lui rembourser intégralement;

car elles ont conservée la chose, et, si elles n'a-
vaient pas été faites il eût été dans la nécessité ou
de les faire lui-même ou de perdre l'objet. Quant
aux dépenses utiles l'acheteur n'a droit qu'à la
plus-value, lorsqu'elle est inférieure au montant
de ses déboursés. — *Quid*, s'il en a fait de volup-
tuaires? Il peut enlever ce qu'il a apporté, à la
charge toutefois de ne rien détériorer. — Ajoutons qu'il nous semble très-équitable que la somme
due par l'acheteur, pour la restitution des fruits,
puisse se compenser avec les impenses nécessaires
ou utiles qu'il a faites.

Les décisions que nous avons données par rapport aux fruits, doivent être étendues à tous les
autres accessoires de la chose vendue : « Si ea
lege inempti sunt fundi, nec id, quod accessurum
dictum est emptori deberi. »

Demandons-nous maintenant si l'acheteur peut
se faire restituer les arrhes qu'il a données et les
à-compte qu'il a payés. S'il le peut, ce n'est pas,
dans tous les cas, par voie d'action ; car l'*actio
empti* n'a pu survivre à la résolution du contrat.
Nous savons déjà qu'il en est autrement de l'action
venditi (loi 6, § 1, *De contrahenda nupt*), parce qu'il
ne saurait dépendre de la mauvaise foi ou de la
négligence de l'acheteur, de le dégager vis-à-vis
de son vendeur. Mais n'a-t-il pas, dans tous les
cas, une exception? En ce qui touche les arrhes,
la question n'est pas douteuse ; le vendeur les
garde définitivement : « De lege commissoria in-

terrogatus ita respondit, si per emptorem factum est, quo minus legi pareretur, et ea lege uti venditor velit, fundos inemptos fore, et id, quod arrhæ, vel alio nomine datum esset, apud venditorem remansurum. » (Loi 6, pr., h. t.)

Des commentateurs ont cependant enseigné une doctrine contraire, en se fondant sur la loi 8 de notre titre et sur la loi 1 au Code, De pactis inter empt. Ces textes, disent-ils, supposent une clause spéciale par laquelle on est convenu que les arrhes seraient perdues par l'acheteur pour le cas où, par suite du pacte commissoire, la vente viendrait à être résolue : qu'est-ce à dire, si ce n'est qu'il en est autrement à défaut de clause expresse? Nous ne pouvons admettre ce raisonnement ; nous reconnaissons bien que souvent les parties s'expliquaient sur ce point; mais on n'en saurait conclure que cela était indispensable pour faire perdre les arrhes à l'acheteur. D'ailleurs la loi 6, qui est de Scevola comme la loi 8, pose clairement le principe sans se préoccuper du point de savoir s'il y a eu ou non clause expresse.

Que déciderons-nous maintenant des à-compte payés au vendeur? Beaucoup d'interprètes les assimilant aux arrhes décident qu'ils sont également perdus pour l'acheteur. Au premier abord cette doctrine semble consacrée par la loi 6 de notre titre. « Le vendeur, dit Scevola, garde non-seulement les arrhes, mais encore ce qui lui a été donné par l'acheteur *alio nomine*. » Quelle autre chose que les à-compte pouvons-nous faire rentrer dans cette catégorie? La loi 4, § 1, dit-on encore, confirme ce système. L'acheteur, d'après Ulpien, qui suit en cela l'opinion de Nératius, est dispensé de rendre les fruits, *cum pretium, quod numeravit, perdidit.* Or à quelle autre partie du prix qu'aux à-compte payés peut-on appliquer ce texte? Enfin pourquoi distinguer entre les arrhes et les à-compte? Les arrhes ne sont-elles pas de véritables à-compte?

Quelque spécieux que soient les arguments que nous venons d'exposer, nous ne les croyons pas suffisants pour faire triompher la théorie de ceux qui les invoquent. En effet, les à-compte ne sont autre chose qu'une partie du prix ; or, le contrat étant anéanti retenir une partie du prix, c'est agir sans cause, à moins que, pour donner une garantie de plus au vendeur, une clause formelle n'ait prévu l'hypothèse. Que les arrhes lui soient définitivement acquises, cela est très-naturel, puisque l'acheteur a violé l'engagement qu'elles garantissaient et qu'il doit, conséquemment, perdre *cum omni causa* tout ce qu'il a donné à titre d'épingles, pots-de-vin, cadeaux et autres menus frais accessoires de la vente. C'est là tout ce que veut dire la loi 6. Mais il n'en est pas de même pour les à-compte, qui n'ont été payés qu'en exécution d'un contrat qui n'existe plus. On peut encore donner à l'*omnis causa* une portée plus étendue : elle comprend les indemnités dues pour les détériorations survenues à la chose par la faute de l'acheteur, et en outre la cession des diverses actions qu'il peut avoir acquises à propos de ladite chose.

Quant à la loi 4, § 1, elle est loin d'être aussi formelle qu'on le pense. Les fruits, nous dit-elle, seront retenus par l'acheteur qui aura perdu une partie du prix payé. Cette compensation est très-équitable ; mais quand se produira-t-elle? C'est ce que le jurisconsulte ne nous dit pas ; il ne nous fait pas connaître davantage quelle est cette partie du prix.

Enfin, les résultats iniques auxquels aboutit la doctrine que nous combattons, suffiraient à nous la faire rejeter. Voici un acheteur qui a fait tout ce qui était en son pouvoir pour payer. Il est arrivé, en versant beaucoup d'à-compte, à parfaire à peu près le prix, et il ne doit plus qu'une somme insignifiante, mais suffisante pour entraîner la résolution. Il perdra non-seulement la chose, mais encore ce qu'il a payé ! Et c'est dans un contrat de bonne foi qu'on admettrait une pareille injustice ! C'est évidemment impossible. Nous croyons donc pouvoir décider que le vendeur est contraint de restituer les à-compte qu'il a reçus, soit au moyen d'une exception, soit au moyen d'une *condictio sine causa*.

D'après l'opinion générale, à l'origine, la *lex commissoria* n'était pas opposable aux tiers, sans doute parce que, chez les Romains, aucun système de publicité n'existait pour leur faire savoir que les droits de l'acheteur étaient révocables. Le vendeur n'avait contre eux qu'une action personnelle *venditi* ou *præscriptis verbis*. Mais Marcellus, Ulpien et Scevola décidaient le contraire. D'après eux, la propriété de l'acheteur étant résolue, les droits qu'il avait consentis sur la chose étaient résolus en même temps.

Quelquefois, dans la vente, on insérait une clause portant que si la résolution se produisait par la faute de l'acheteur, et que si le vendeur revendait et n'obtenait pas le même prix, l'acheteur serait tenu de lui payer la différence (lois 4, § 3, L. tit., et 6, § 1, *De contrah. empt.*).

Pour résumer, nous dirons que la *lex commissoria* est une peine pour celui qui la laisse s'accomplir; mais elle est soumise à certaines restrictions. Elle n'existe que si une clause formelle a été insérée dans le contrat; elle doit être intentée dans un bref délai et, à l'origine, elle n'opère pas contre les tiers. Quelles sont donc en droit romain les garanties accordées au vendeur? Il n'a point de privilége pour son action personnelle, point d'hypothèque tacite sur la chose; il n'a pas en sa faveur une résolution légale faute par l'acheteur de remplir ses engagements. Une sûreté puissante lui est accordée dans le droit commun : tant que le prix n'est pas payé, la vente ne le dépouille pas de la propriété. Cette propriété lui serait perdue s'il suivait la foi de l'acheteur : il n'a alors qu'une seule ressource, c'est d'insérer dans le contrat la *lex commissoria* qui a fait l'objet de notre étude.

Un dernier mot sur la clause appelée aussi *lex commissoria*, mais qui est spéciale au gage. Elle n'a rien de commun avec notre pacte que le nom et le caractère pénal. Elle n'eut pas le même succès. Dans l'ancien droit le créancier stipulait souvent que la chose donnée en gage lui resterait, dans le cas où il ne serait pas payé à l'échéance de la dette (Loi 4, Dig., de pign., act.). Les dangers de cette clause sont aussi graves qu'évidents. Il est facile, du reste, de comprendre qu'un emprunteur, soit par un besoin extrême d'argent, soit par une illusion bien naturelle, consente toujours à son insertion dans le contrat. Cette clause fut aussi prohibée par Constantin dans une constitution du Code Théodosien (Loi unique *De commiss. rescindenda*, III. 2.) : c'était une clause immorale, parce que le créancier, faisant la loi, pouvait acquérir à vil prix les biens de son débiteur. Nous reproduisons la loi 3, *De pact. pignorum*, au Code, que Justinien a empruntée au Code Théodosien : Quoniam inter alias captiones præcipue commissoriæ pignorum legis crescit asperitas, placet infirmari eam, et in posterum omnem ejus memoriam aboleri. Si quis igitur tali contractu laborat, hac sanctione respiret, quæ cum præteritis præsentia quoque repellit, et futura prohibet. Creditores enim re amissa jubemus recuperare quod dederunt. » Le Code Napoléon possède une prohibition semblable dans l'art. 207. 8.

DROIT FRANÇAIS.

INTRODUCTION.

La vente n'apparaît qu'à une époque de civilisation relative : C'est par l'échange que les hommes débutent.

Origo emendi vendendique a permutationibus cœpit : olim enim non ita erat nummus : neque aliud *merx*, aliud *pretium* vocabatur : sed unusquisque secundum necessitatem temporum, ac rerum, utilibus inutilia permutabat, quando plerunque evenit, ut, quod alteri superest, alteri desit : sed quia non semper, nec facile concurrebat, ut, cum tu haberes, quod ego desiderarem, invicem haberem, quod tu accipere velles, electa materia est, cujus publica ac perpetua æstimatio difficultatibus permutationum, æqualitate quantitatis subveniret : ea [que] materia forma publica percussa, usum dominiumque non tam ex substantia præbet, quam ex quantitate : nec ultra *merx* utrumque, sed alterum *pretium* vocatur. — § 1. Sed, an sine nummis venditio dici hodieque possit, dubitatur, veluti si ego togam dedi, ut *tunicam acciperem* ? Sabinus et Cassius esse emptionem et venditionem putant : Nerva et Proculus permutationem, non emptionem hoc esse : Sabinus Homero teste utitur, qui exercitum Græcorum ære, ferro, hominibusque vinum emere refert illis versibus :

Ἔνθεν ἄρ' οἰνίζοντο καρηκομόωντες Ἀχαιοί,
Ἄλλοι μὲν χαλκῷ, ἄλλοι δ' αἴθωνι σιδήρῳ,
Ἄλλοι δὲ ῥινοῖς, ἄλλοι δ' αὐτῇσι βόεσσι,
Ἄλλοι δ' ἀνδραπόδεσσιν.

Id est,

Hinc quidem vinum emebant comati Achivi :
Alii quidem ære, alii autem splendido ferro,
Alii vero pellibus, alii autem ipsis vaccis,
Alii autem mancipiis. ——

Sed hi versus permutationem significare videntur, non emptionem, sicut illi :

Ἔνθ' αὖτε Γλαύκῳ Κρονίδης φρένας ἐξέλετο Ζεύς,
Ὃς πρὸς Τυδείδην Διομήδεα τεύχε ἀμείβεν.

Id est,

Hinc rursus Glauco Saturnius mentes exemit Jupiter,
Qui cum Tydide Diomede arma mutavit.

Magis autem pro hac sententia illud diceretur, quod alias idem poeta dicit :

—— πρίατο κτεάτεσσιν ἑοῖσιν.

Id est,

—— emit possessionibus suis.

Sed verior est Nervæ et Proculi sententia : nam ut aliud est *vendere*, aliud *emere*, alius *emptor*, alius *venditor*, sic aliud est *pretium*, aliud *merx*, quod in permutatione discerni non potest, uter emptor, uter venditor sit. (Dig. l. 1, pr. *de Contrahenda emptione.*)

Ce texte de Paul, si parfait du reste, n'est pas complet, tout du moins en ce qui concerne le droit romain : entre l'échange et la vente proprement dits, il y a eu la *mancipatio*, la *venditio per æs et libram*.

Le Code civil définit la vente : « une convention par laquelle l'un s'oblige à livrer une chose, et l'autre à la payer. (art. 1582).

Cette définition est des plus fautives.

Et d'abord la vente est un *contrat* et un contrat par excellence : c'est donc à tort qu'on la définit par l'expression générique de convention.

En second lieu, notre définition qui serait bonne en droit Romain, sauf l'observation que nous venous de faire, a le tort de ne s'adapter dans le nôtre qu'à la vente de choses seulement déterminées quant à l'espèce, et non à celle de corps certains.

Enfin, en supposant même la vente d'une chose seulement déterminée quant à l'espèce, il n'est pas vrai de dire que le vendeur s'oblige seulement à *livrer*; il s'engage à donner (*dare*).

La véritable définition est donc celle-ci : « La vente est un contrat par laquelle l'un donne ou s'oblige à donner une chose, et l'autre à la payer.»

Avant d'aborder le sujet de cette thèse, nous croyons devoir esquisser rapidement les règles fondamentales du contrat de vente, et les différences qui séparent en cette matière notre droit du droit Romain.

La vente se forme par le seul accord des parties sur la chose et sur le prix : ainsi l'acte qu'on en dresse n'est qu'un *instrumentum*, un moyen de preuve, à moins que les contractants n'aient subordonné sa perfection à la rédaction d'un écrit.

L'objet en doit être *certum*, c'est-à-dire sinon déterminé individuellement, au moins quant à l'espèce. Que s'il s'agit de choses *quæ pondere, numero mensurave constant*, il faut que la qualité en soit sinon déterminée, au moins déterminable.

De même le prix doit être certain, c'est-à-dire, échapper quant à sa fixation à l'arbitraire des parties. Il faut de plus qu'il consiste en argent ; autrement il y aurait échange.

Inutile de dire que les choses qui sont dans le

commerce, sont seules susceptibles d'être vendues.

Si des choses nous passons aux personnes, nous dirons qu'ici, comme partout, la capacité est le droit commun. « Tous ceux auxquels la loi ne l'interdit pas, peuvent acheter ou vendre. » (Art. 1594.)

En principe, la vente est un contrat commutatif ; mais rien n'empêche de la faire aléatoire.

« Elle peut être faite purement et simplement, ou sous une condition soit suspensive soit résolutoire. — Elle peut aussi avoir pour objet deux ou plusieurs choses alternatives. — Dans tous ces cas son effet est réglé par les principes généraux des conventions. » (Art. 1584.)

Comment s'opère la mutation de propriété ?

Distinction :

S'agit-il d'un corps certain, la mutation se réalise *hic* et *nunc*, par la seule force de la convention (art. 1138). Mais cette règle souffre une restriction en ce qui concerne les ventes d'immeubles et les transports de créances qui n'opèrent mutation absolue, *erga omnes*, que par la transcription de la vente ou la signification du transport. S'agit-il de choses seulement déterminées quant à l'espèce ; l'acheteur n'acquiert la propriété que par la tradition qui lui est faite de l'objet vendu.

Risques. — Si la vente est d'une chose *in genere*, il n'en saurait être question : *Genera non pereunt.* Comme aussi il est évident qu'il ne saurait être question de fautes de la part du vendeur que pour son retard à livrer. — Il va de soi qu'au cas d'*assignat limitatif*, il en est autrement.

Si nous supposons une vente de corps certains, sous distinction :

Quand la vente est pure ou affectée d'une condition résolutoire, les risques sont pour l'acheteur.

Que si, au contraire, elle est faite sous condition suspensive, ils sont pour le vendeur.

Le vendeur est tenu : 1° de livrer ; 2° de garantir à l'acheteur la possession paisible et utile de la chose vendue.

Comme dans notre droit, en principe, la tradition n'a pour effet que de mettre la chose vendue en la possession de l'acheteur, on comprend qu'il importe peu de savoir si tel ou tel fait constitue ou non une tradition. Par exception ce point est encore intéressant en ce qui concerne l'application de l'article 2279, et toutes les fois qu'il s'agit de ventes de choses *in genere*, puisque alors c'est la tradition même qui transfère la propriété à l'acheteur.

La garantie a deux objets : éviction et vices de la chose vendue. Le vendeur n'est garant que des évictions dont la cause est antérieure au contrat et des vices qui existaient au moment de sa formation. — Cette obligation de garantie n'a lieu que lorsque la vente est commutative.

De son côté, l'acheteur doit prendre livraison de la chose vendue et payer son prix à l'époque convenue. Faute par lui de le faire, le vendeur peut, à son choix, poursuivre son payement ou demander à la justice la résolution du contrat.

Quand la résolution est prononcée, aux termes de la loi du 23 mars 1855, s'il s'agit de la vente d'un immeuble, le jugement doit être rendu public par une mention inscrite en marge de la transcription.

« Indépendamment des causes de nullité et de résolution qui sont communes à toutes les conventions, le contrat de vente peut être résolu par l'exercice de la faculté de rachat et par la vilité du prix (art. 1658). »

Arrivons aux différences qui existent entre la vente française et la vente romaine.

Chez nous, le vendeur s'engage à transférer la propriété : le vendeur romain ne s'oblige qu'à livrer et maintenir en possession. Il s'ensuit que la vente de la chose d'autrui faite de bonne foi est valable en droit Romain, tandis qu'elle est nulle chez nous (art. 1599). — Bien comprendre qu'il s'agit ici, non pas d'une nullité proprement dite, mais d'annulabilité : Quand j'achète *a non domino*, le contrat est annulable pour cause d'erreur sur la substance de la chose; la qualité de propriétaire chez le vendeur était une qualité substantielle de l'objet vendu.

La *lex commissoria* devait être expresse en droit Romain; celui qui, vous vendant à crédit, n'avait pas eu le soin de la faire insérer au contrat, ne pouvait qu'agir en payement de son prix. Le pacte commissoire est, au contraire, sous-entendu dans la vente française.

En droit Romain, quand la vente était résoluble sous condition, la résolution venant à s'accomplir, ne faisait pas revenir immédiatement la propriété au vendeur, qui devait intenter l'action *venditi* pour contraindre l'acheteur à la lui retransférer. Ulpien seul professait une opinion contraire, et c'est cette opinion que notre Code a consacrée.

La *stipulatio duplex* n'est point pratiquée chez nous. L'acheteur français évincé n'a droit, en principe, qu'à la valeur de la chose avec force de l'éviction.

Les Romains, chez qui les hypothèques étaient occultes, n'ont jamais connu la transcription.

Chez nous les créances sont cessibles : les Romains n'en admettaient pas la cessibilité.

Notre vendeur, enfin, a une foule de garanties, inconnues en droit Romain.

DROIT COMMERCIAL.

DES ACHATS ET VENTES
(Tit. 7, C. com., art. 109.)

CHAPITRE PREMIER.

NOTIONS GÉNÉRALES.

Le mot *Commerce* a deux acceptions : l'une générale exprimant la sociabilité des hommes et les rapports qui existent entre eux ; l'autre, plus restreinte, donnant le sens propre du mot. Elle comprend la vente, l'échange et l'ensemble des différentes opérations que les hommes sont obligés de faire en vue d'un profit nécessaire à leur subsistance et à leur agrément.

C'est dans la spéculation que l'on recherche ce profit, et M. Demangeat a pu dire avec raison que « faire le commerce, c'est spéculer (1). »

L'opération la plus étendue, la plus fréquente, celle en un mot qui rapproche les nations entre elles, est incontestablement la vente. C'est elle, en effet, qui constitue le contrat fondamental du commerce, c'est elle qui représente la spéculation, le profit,

(1) M. Demangeat sur Bravard, t. II, p. 400.

A part quelques exceptions concernant les navires, que l'on peut presque appeler, si on nous
permet l'expression, les seuls immeubles du commerce, les achats et ventes commerciaux n'ont
pour objet que des denrées et marchandises, que
des meubles (1). De manière que les ventes commerciales, comme le commerce lui-même, ne
s'occupent que des meubles.

Ce que nous venons de dire exclut les immeubles du domaine du commerce, et il faudrait l'entendre ainsi si l'on prenait à la rigueur la nature
des choses, et si l'on s'attachait surtout à ce que
nous dit la loi, qui ne qualifie de commerciales
que les choses ou les opérations ayant pour objet
des meubles. Voici cependant comment s'exprime
sur ce point M. Demangeat : Je conviens de tout
cela. Mais en même temps, je tiens pour incontestable qu'il est arrivé plus d'une fois à la jurisprudence de passer par-dessus des textes au moins
aussi clairs que celui de notre article 632 du Code
de commerce, et j'ajoute que si, en définitive, la
jurisprudence n'ose pas le faire, il serait utile et
conforme aux véritables principes, que le législa-

(1) On entend par denrées toutes les productions de la terre qui se consomment par le premier usage qu'on en fait, et qui sont destinées à la nourriture ou à la subsistance des hommes et des animaux. — Tandis qu'on
comprend sous le nom de marchandises toutes les autres choses mobilières
faisant l'objet du commerce.

Les denrées ne deviennent marchandises que lorsqu'elles se trouvent entre
les mains des commerçants; en d'autres termes, quand on les achète pour
les revendre.

teur vint proclamer la possibilité pour les immeubles d'être considérés comme objets de spéculation proprement dite, et par conséquent d'actes de commerce (1). »

Nous pouvons ajouter maintenant qu'il n'en est pas de même de celui qui achète des maisons à démolir pour en revendre les matériaux. Ici l'acte est commercial parce que le but de l'acheteur est de revendre des meubles.

D'après l'article 632 du Code de commerce, tout *achat* de denrées et marchandises pour les revendre soit en nature, soit après les avoir travaillées et mises en œuvre, ou même pour en louer simplement l'usage, est acte de commerce. Cet article répond à cette demande : Quand peut-on dire qu'une vente est commerciale? Ce qui caractérise donc cette vente acte de commerce, le Code de commerce, quoique très concis sur la matière qui nous occupe, a eu le soin de nous le définir : la vente n'est commerciale que lorsqu'elle porte sur des denrées ou marchandises qui ont été achetées pour être revendues, soit en nature, soit après les avoir travaillées ou mises en œuvre.

Du reste, la rubrique même de notre titre nous fait entrevoir la pensée du législateur. Notre titre ne porte pas en effet : DE LA VENTE, mais des ACHATS ET VENTES. Cette double dénomination nous prouve bien que le législateur n'a entendu s'occuper que

(1) M. Demangeat, t. VI, p. 321.

des achats qui se font avec l'intention de revendre, avec l'intention d'en tirer profit. Ce n'est donc pas dans le seul fait de la vente que l'on reconnaît l'acte de commerce, mais dans le fait d'avoir acheté, ou d'acheter, avec l'intention de revendre. La vente est et reste au contraire civile toutes les fois que l'élément de spéculation y manque. Réciproquement, l'achat est civil lorsque l'acheteur a l'intention de consommer la chose, ou bien de la garder.

La différence principale que nous venons de voir entre les ventes commerciales et les autres ventes, modifie, comme nous le verrons en plusieurs endroits, par la force des choses, soit les principes généraux de droit commun, soit les règles qui régissent les ventes en droit civil.

Notre titre VII, quoique spécialement consacré aux achats et ventes, ne contient qu'un seul texte, l'article 109. Le moindre examen suffirait encore pour nous prouver que ce même article, loin de s'appliquer à énumérer les différents moyens de preuves relatifs à la vente, son énumération, d'une application générale, s'étend et embrasse l'ensemble des matières du Code de commerce. Cependant, quoique très-fécond dans son interprétation, il ne suffit pas, seul, à notre matière. Après l'avoir complété par les quelques autres dispositions éparses dans le Code, on ne devine pas la raison pour laquelle le législateur n'ait point pris la peine d'énumérer plus en détail les règles sur la vente, qui, comme nous l'avons dit, est l'opération la plus importante du commerce.

On se demande alors à quelles autres sources faut-il puiser pour compléter les règles données par le Code de commerce ? Où devra-t-on les chercher ?

« Nous devons les chercher, nous répond M. Demangeat, d'abord dans le Code Napoléon, soit au titre des Contrats et des obligations conventionnelles en général (art. 1101 à 1109), soit au titre de la vente (art. 1582 à 1701). Nous ne cesserons d'appliquer à la vente commerciale les dispositions dont il s'agit que dans les cas particuliers où il nous paraît clairement que telle est la volonté du législateur (1). »

—Basés sur les travaux préparatoires et sur les considérations qui se recommandaient à ce moment-là au législateur, MM. Delamarre et Lepoitvin ont enseigné la doctrine contraire (2). Ils soutinrent, en conséquence, qu'il n'était pas permis, dans le silence de la loi spéciale, de recourir au droit commun ; qu'il ne fallait pas, du reste, considérer le Code Napoléon comme formant le droit commun, applicable même au commerce au cas où le Code de commerce n'y déroge pas.

Les travaux préparatoires montrent en effet des passages où l'on voulait que le Code de commerce de l'Empire français fût rédigé dans des

(1) M. Demangeat, t. II, p. 400.
(2) MM. Delamarre et Lepoitvin, t. 1, nᵒˢ 9 et suiv.

principes qui lui préparassent une influence universelle et fussent en harmonie avec les grandes habitudes commerciales qui embrassent et soumettent
les deux mondes. On ne pouvait donc pas formuler des règles fixes à l'égard de la vente comme
de tout autre contrat qui devaient être régis particulièrement par la volonté des parties sanctionnée
par la loi.

Cette idée ayant prévalu, on ne consacra à cet
égard que l'article 109, et afin de ne pas gêner le
commerce, on s'est abstenu de trop préciser par
de nombreuses règles.

Mais il ne peut pas en être ainsi, car il serait
contradictoire que la plus grande partie des règles
du droit civil concernant les obligations, étant
consacrée par le droit des gens, il serait contradictoire de soutenir que ces règles pussent entraver le commerce dès lors qu'elles seraient connues et adoptées par toutes les nations.

MM. Delamarre et Lepoitvin en appellent aux
expressions de M. Tronchet : « qu'il a été convenu
que les dispositions du Code civil ne s'applique-
raient pas aux affaires de commerce.

« Pour opposer citation à citation, leur répond
M. Demangeat, j'invoque ce que dit Portalis
à propos du Code civil : « Cette espèce de
Code est celle qui, plus que tout autre, embrasse
l'universalité des choses et des personnes. »

Nous nous demandons, après cela, si des travaux
préparatoires on peut déduire que le Code civil n'a

nulle application au cas de silence absolu du Code de commerce. Mais nous ne nous arrêtons pas là. Le Code de commerce ayant été créé comme une exception à la loi civile, voici comment Locré, homme de la plus grande compétence en cette matière, s'exprime en parlant du Code de commerce : « Ces lois ont le droit civil pour base et n'en sont que des exceptions exigées par l'intérêt du commerce, tellement que là où ces exceptions s'arrêtent, le droit civil reprend son empire (1). » Voici encore comment en d'autres mots, dans son *Esprit du Code de commerce* (p. 4), il exprime la même idée : « Le Code de commerce vient s'enter sur le droit commun, et laisse sous l'empire de ce droit tout ce qu'il n'excepte pas, et s'y réfère même pour ce qu'il excepte. » Le même Locré nous rapporte aussi ce passage de M. Beranger qui s'est trouvé forcé de dire au Conseil d'État qui portait trop loin le respect au Code civil : « Mais il serait inutile de faire un Code de commerce, s'il n'était pas permis de déroger en faveur du commerce à la législation ordinaire. » Et plus loin, à la page 149, nous voyons que M. Beugnot disait : « On ne blessera pas le Code civil, auquel le Code de commerce, non-seulement ne doit pas déroger, mais ne doit même pas faire d'exception (1). » Cette phrase a été provoquée par la résistance que le Conseil

(1) Locré, *Législation de la France*, t. 1, p. 125.
(2) *Ibid.*, t. XVII, p. 145.

opposait à ce que le Code de commerce pût, en aucun cas, déroger au Code civil.

Il n'est cependant pas permis de soutenir que les rédacteurs des deux Codes n'aient compris la nécessité que certains contrats commerciaux devaient, dans plusieurs circonstances, être régis par des règles particulières.

— « Les règles particulières à certains contrats sont établies sous les titres relatifs à chacun d'eux, et les règles particulières aux transactions commerciales sont établies par les lois relatives au commerce (art. 1107). » Voilà, continuent à dire MM. Delamarre et Lepoitvin, voilà la reproduction de la déclaration de M. Tronchet. Mais ils ne s'aperçoivent pas qu'ils appellent à leur secours un argument qui se tourne contre eux. Sans revenir à ce ce que nous avons dit précédemment, il suffit de lire le premier alinéa de cet article pour se convaincre que s'il y a au Code Napoléon ou au Code de commerce un titre particulier consacré à un contrat, cela ne l'empêche pas d'être soumis aux règles du droit civil concernant les obligations en général : « Les contrats, soit qu'ils aient une dénomination propre, soit qu'ils n'en aient pas, sont soumis à des règles générales qui sont l'objet du présent titre. »

— Enfin MM. Delamarre et Lepoitvin soutiennent que notre système ne pourrait qu'entraver le commerce et causer à chaque instant des difficultés nouvelles ; mais ils ne nous en donnent pas des preuves. Ces inconvénients ne pourront pas être signalés.

Sur cette question, nous finirons encore avec M. Demangeat : « Au surplus, le système que MM. Delamarre et Lepoitvin ont développé avec un talent incontestable, est repoussé par presque tous les auteurs. Il n'a pas davantage été admis par la jurisprudence (1). »

Revenons maintenant à l'article 632 du Code de commerce qui donne le caractère d'acte commercial à la vente *lorsqu'on a acheté pour revendre*. La conséquence directe de ce principe est que le producteur qui vend ce qu'il a fait produire, soit à ses terres, soit à son industrie, ne fait pas acte de commerce, ne fait pas une vente commerciale. La vente de ces produits n'acquiert cette nature que quand elle se passe de commerçant à commerçant, ou même lorsqu'elle est faite par un commerçant qui a lui-même acheté ces produits des producteurs. Si donc je vous vends mille mesures de blé du produit de mes terres, je ne fais pas là une vente commerciale; tandis que vous, acheteur, qui êtes commerçant, si vous revendez ces mêmes blés à un tiers marchand ou non, vous exécutez là un acte de commerce, une vente commerciale. La vente commerciale sort en effet sa nature de la spéculation, et évidemment vous spéculez sur la différence du prix, car vous cherchez un profit sur

(1) M. Demangeat, p. 403.

le blé que vous revendez presque toujours plus cher.

La revente n'est cependant pas toujours une spéculation. Ainsi, lorsque la succession d'un commerçant s'ouvre en faveur de son fils et que celui-ci liquide le fonds de commerce de son père; la vente qu'il fait des marchandises, n'est pas une vente commerciale, quoique ces marchandises aient été achetées pour revendre. Une qualité essentielle manque à cet acte, c'est la qualité de commerçant du fils, qui, du reste, ne vend pas pour faire une spéculation. La justice est donc appelée dans des cas semblables à apprécier la qualité du vendeur ou de l'acheteur, les causes de la vente, la nature des choses et les circonstances qui ont environné l'opération.

Il y a à cet égard une présomption qui est établie comme règle : la vente faite par un marchand ou par un négociant est, sauf preuve du contraire, réputée commerciale ; tandis qu'un non-commerçant qui fait un contrat de vente, n'est censé faire acte de commerce, que s'il est établi que la chose a été achetée par lui avec l'intention de la revendre dans l'espoir d'en tirer un avantage pécuniaire. Cette intention, seulement, il doit l'avoir au moment où il a acheté la chose qu'il revend, et cette revente devait en être le seul mobile, car autrement il n'y aurait pas vente commerciale.

Mais qui peut acheter ou vendre?

L'article 1594 du Code Napoléon répond à cette

question : « Tous ceux auxquels la loi ne l'interdit pas peuvent acheter ou vendre. » Cette disposition pose en termes généraux que la capacité est la règle et l'incapacité l'exception ; et cette exception reçoit peut-être plus d'application en droit commercial qu'en droit civil. Les convenances sociales ont en effet assujetti à des mesures disciplinaires les magistrats de l'ordre judiciaire, les avocats, et les ecclésiastiques qui s'y livreraient. — Il est aussi interdit aux courtiers et aux agents de change de faire aucun acte de commerce pour leur compte. — Nous trouvons en outre des interdictions spéciales contre certains fonctionnaires publics ou agents du gouvernement (art. 175 et 176, C. pén.).

Toutes ces prohibitions ont pour effet, non pas de rendre incapables les personnes qu'elles énumèrent, mais de les empêcher de faire les actes qu'elles prévoient. D'où cette conséquence que les actes qui ont été accomplis, au mépris de ces dispositions, subsistent, parce qu'ils sont émanés des personnes ayant capacité de contracter. Il n'en est pas de même du mineur, de l'interdit et de la femme mariée pour les actes qu'ils ont accomplis. Leur incapacité leur permet en effet de s'en prévaloir contre les personnes avec qui ils ont traité, sans que ces tiers puissent s'en servir contre eux.

Observons maintenant que l'article 175 du Code

pénal diffère de l'article 176 (1), en ce que, par rapport à ce dernier, c'est un point controversé que celui de savoir si la vente est complétement nulle, ou si elle n'est entachée que d'une nullité relative.

MM. Delamarre et Lepoitvin admettent que la vente n'est pas nulle par cela seul que le vendeur a connu la qualité de l'acheteur. D'après ces auteurs la vente n'est nulle que lorsqu'il a connu l'usage que l'acheteur voulait faire des denrées (2).

(1) Nous reproduisons ici le texte des articles 175 et 176 du Code pénal :

« Tout fonctionnaire, tout officier public, tout agent du gouvernement, qui soit ouvertement, soit par acte simulé, soit par interposition de personnes, aura pris ou reçu quelques intérêts que ce soit dans les actes, adjudications, entreprises ou régies dont il a ou avait, au temps de l'acte, en tout ou en partie, l'administration ou la surveillance, sera puni d'un emprisonnement de six mois au moins et de deux ans au plus, et sera condamné à une amende qui ne pourra excéder le quart des restitutions et des indemnités, ni être au-dessous du douzième.

« Il sera de plus déclaré à jamais incapable d'exercer aucune fonction publique.

« La présente disposition est applicable à tout fonctionnaire ou agent du gouvernement qui aura pris un intérêt quelconque dans une affaire dont il était chargé d'ordonnancer le payement ou de faire la liquidation. » (Art. 175.)

« Tout commandant des divisions militaires des départements ou des places et villes, tout préfet ou sous-préfet qui aura, dans l'étendue des lieux où il a le droit d'exercer son autorité, fait ouvertement ou par actes simulés, ou par interposition de personnes, le commerce de grains, grenailles, farines, substances farineuses, vins ou boissons, autres que ceux provenant de ses propriétés, sera puni d'une amende de 500 fr. au moins et de 10,000 fr. au plus, et de la confiscation des denrées appartenant à ce commerce. » (Art. 176.)

(2) MM. Delamarre et Lepoitvin, t. I, n° 61.

Le Code de commerce permet au mineur de devenir commerçant. Mais pour le relever de son incapacité, il lui impose quatre conditions : il faut d'abord qu'il soit émancipé ; il doit ensuite avoir dix-huit ans accomplis; il lui faut, en troisième lieu, une autorisation expresse du père, ou, à son défaut, de la mère; à défaut de l'un et de l'autre, il doit l'obtenir par une délibération du conseil de famille homologuée par le tribunal civil. Il faut enfin que l'autorisation soit enregistrée et affichée. (art. 2 C. com.) Ce n'est qu'après l'accomplissement de toutes ces formalités que le mineur peut faire le commerce et, par conséquent, acheter et vendre : c'est alors seulement qu'il est réputé majeur relativement aux actes de sa profession. En dehors de ces actes, son incapacité subsiste toujours. De manière que, s'il souscrit un engagement qui ne relate aucune cause, cet engagement est censé fait par un incapable, à moins que son créancier ne prouve le contraire.

Le mineur perd la faculté de faire le commerce, et par conséquent d'opérer des achats et ventes, quand on la lui retire comme conséquence de la révocation de son émancipation. Il peut aussi la perdre isolément.

Si au lieu de faire le commerce, le mineur ne veut faire qu'un ou plusieurs actes de commerce isolément, il doit, tout de même, remplir les formalités que nous venons d'énumérer (art. 3 C. com.). Ces actes, aussi bien que la capacité générale, l'assujettissent à la juridiction commerciale.

La femme mariée ne peut pas acheter ou vendre sans l'autorisation du mari, toutes les fois que ces opérations excèdent les besoins du ménage. Pour devenir commerçante, elle a besoin de l'autorisation, soit expresse, soit tacite de son mari. Lorsqu'elle ne fait pas un commerce séparé de son mari, elle n'est pas réputée commerçante. — La femme mineure qui veut devenir commerçante doit être au moins âgée de dix-huit ans accomplis, et doit obtenir l'autorisation de son père ou de sa mère, ou du conseil de famille et du mari. L'autorisation du mari ne suffit, en effet, que lorsqu'elle est majeure. Comme le mineur, lorsqu'elle souscrit un engagement qui n'énonce aucune cause, cet engagement n'est pas présumé fait à l'occasion de son commerce, à moins toutefois que son créancier ne prouve le contraire.

Le mari a le droit de révoquer l'autorisation qu'il a accordée à sa femme; il est alors obligé de prendre les précautions nécessaires pour que cette révocation soit rendue publique à fin que les tiers en soient prévenus.

L'autorisation que le mari a accordée à sa femme a pour effet de l'obliger lui-même aussi bien que la communauté, s'il est marié sous ce régime, soit légal, soit réduit aux acquêts. Son obligation, à la différence de celle de sa femme qui reste commerciale, est civile. Si le régime sous lequel il est marié est de séparation de biens, il n'est pas tenu des dettes de sa femme. D'après plusieurs auteurs, il ne doit que les intérêts des dettes contractées par sa femme dans son commerce, s'il est marié sous le régime exclusif de la communauté. Il n'est tenu ni du capital, ni des intérêts, si les biens présents et à venir de sa femme sont constitués en dot.

Encore un dernier mot sur la disposition de l'article 1596 du Code Napoléon. «Ne peuvent se rendre adjudicataires, sous peine de nullité, ni par eux-mêmes ni par personnes interposées, tous mandataires des biens qu'ils sont chargés de vendre.» La prohibition contenue dans cet article est d'une application générale, et embrasse non-seulement les matières civiles, mais aussi les matières commerciales. Ainsi les ventes de valeurs de commerce, ou de banque, ou de tout autre bien, comme tout espèce de mandat commercial, sont comprises dans l'expression *tous mandataires des biens qu'ils sont chargés de vendre*. C'est en vertu de cette prohibition qu'il faudra annuler toute vente qu'un mandataire fait à une société dont il est membre. Si, en effet, cette opération avait lieu, elle laisserait supposer que le mandataire s'est servi de la société dont il fait partie comme d'une personne interposée. L'actif social devant être partagé entre les associés, il se vend à lui-même une part proportionnelle à son droit, et c'est par là qu'il devient acheteur de la chose qu'il devait vendre.

CHAPITRE II.

CONDITIONS ESSENTIELLES A LA PERFECTION
DE LA VENTE.

Trois conditions sont essentielles à la vente pour qu'elle soit parfaite : le consentement des parties contractantes, une chose et un prix : *consensus, res et pretium.*

Le consentement respectif des parties est, comme dans tout contrat, le premier élément de la vente. Pour atteindre son but, il doit porter sur la nature de la convention, sur la chose et le prix. Il doit en outre émaner d'une partie capable de contracter et doit être exempt de vices.

On entend par vices du consentement certains faits qui ne détruisent pas entièrement la volonté des parties, mais qui la rendent imparfaite : tels sont l'erreur, la violence et le dol (art. 1109 C. Nap.). Ainsi lorsque je vous achète un bateau pour 12,000 fr. payables en trois ans, et que vous pensiez me le louer à 4,000 fr. par an, pour trois ans, il n'y a pas vente, car il est évident que notre consentement diffère sur la nature du contrat. L'un pense acheter ce que l'autre entend louer ; il y a *erreur*, et cette erreur rend le contrat nul. — Il en est de même quand je vous achète des marchandises et que vous me les expédiez à titre de dépôt. — Il faut donc, pour donner lieu à des obligations, pour donner naissance au contrat de vente, que le consentement des parties se rencontre *in idem placitum*, sur un même point déterminé, dans notre cas sur la vente.

L'erreur peut aussi porter sur l'objet même de la convention, comme lorsque je vous vends du blé et que vous entendez acheter de l'orge. Là aussi le concours des volontés n'existant pas, le consentement manque absolument, et le contrat devient absolument nul.

Voici encore où l'erreur peut se rencontrer. Je vous vends une tabatière que je prétends avoir appartenu à Napoléon ; — je vous vends un tableau que je vous affirme appartenir au Véronèse ; — je vous vends des objets comme étant en or. — Nous sommes d'accord sur la chose et le prix. Ce qui vous engage à acheter, c'est ce qui a appartenu à Napoléon ; ce qui a été peint par le Véronèse ; les objets qui sont en or. Ces qualités de la chose s'appellent en droit substances de la chose, identité d'objet ; c'est la qualité principale en vue de laquelle vous achetez. Si la tabatière n'a jamais appartenu qu'à mon grand-père, si le tableau n'est l'œuvre que d'un petit peintre, si les objets vendus n'ont jamais été que du cuivre, il y a erreur sur l'identité d'objet, mais le contrat n'est ici qu'annulable.

Rapprochons ces hypothèses d'une autre où l'erreur, au lieu d'être commune aux deux parties, n'a lieu que de la part de l'une d'elles seulement.

Prenons un exemple qui est cité fréquemment à cette occasion. J'achète à un marchand une médaille antique et je suis convaincu qu'elle est grecque, mais je n'en dis rien au vendeur. De son côté le vendeur est persuadé qu'elle est romaine et ne m'en avertit pas, ne connaissant pas mon intention. Plus tard je m'aperçois que la médaille que j'ai achetée est romaine; puis-je alors revenir sur le contrat sous prétexte qu'il y a erreur de ma part ?

On soutient pour l'affirmative que l'article 1110 du Code Napoléon ne distingue pas entre le cas où l'erreur porte sur la qualité dont on a parlé au contrat et celui où l'on n'en a point parlé.

Nous pensons au contraire que c'est une question de fait. Dans l'espèce, nous ne saurions pas admettre qu'on puisse demander à annuler le contrat; car les parties ne s'étant pas exprimées sur la condition, le marché a été conclu purement et simplement. L'acheteur est en faute de ne pas s'être exprimé. Que si les parties s'étaient entendues sur les qualités de la chose, à leur défaut, le marché pourrait être dissous.

L'erreur peut aussi porter sur des qualités non substantielles. Ces qualités sont les accessoires d'une chose qui peuvent entrer plus ou moins en vue de l'acheteur. Elles ne nuisent pas au contrat, qui reste, par conséquent valable, à moins que l'acheteur n'ait entendu contracter qu'en vue de ces qualités.

Les motifs du contrat peuvent aussi faire l'objet d'une erreur. L'erreur en ce cas ne donne lieu à la nullité du contrat, que lorsque c'est la fraude de ceux avec qui l'on contracte qui vous y induit. Le contrat reste au contraire valable quand cette erreur n'a été causée par personne.

La violence est une force prépondérante qui détruit la liberté et empêche la réflexion, en inspirant la crainte. Elle ne vicie le consentement et n'annule la vente que lorsqu'elle est de nature à faire impression sur une personne raisonnable, lorsqu'elle a pu inspirer une crainte présente d'exposer ses biens et sa personne à un mal considérable.

Le dol qui est le troisième vice du contrat est toute ruse, machination ou manœuvre dont on s'est servi pour tromper quelqu'un, pour le faire tomber dans l'erreur. Il ne faut cependant pas confondre l'erreur avec le dol. L'erreur, en effet, peut être personnelle; le dol dérive toujours des manœuvres d'autrui. L'erreur ne donne pas lieu à la nullité du contrat quand elle ne porte que sur les motifs; le dol peut la causer toujours même quand il n'a pour objet que les motifs du contrat, car c'est un vice du consentement.

Deux conditions sont exigées pour que le dol puisse causer la nullité du contrat. Il faut : 1° qu'il soit évident que sans lui, la partie qui attaque n'eut point contracté; 2° qu'il ait été pratiqué par la personne même avec laquelle on a contracté.

En cela le dol diffère de la violence; car cette dernière donne toujours lieu à la rescision du contrat, peu importe qui en ait été la cause.

« La convention contractée par erreur, violence ou dol n'est point nulle de plein droit; elle donne seulement lieu à une action en nullité ou en rescision (art. 1117, C. Nap.)... » Ainsi les hypothèses que nous avons parcourues ne subissent pas une nullité de droit, elles peuvent seulement être annulées. Ces règles, du reste, étant de droit commun, sont évidemment applicables au contrat de vente.

Nous disions, au commencement du chapitre que, pour que la vente prenne naissance, il faut que le consentement réciproque des parties se rencontre et sur la chose et sur le prix. Il n'y a donc pas vente lorsqu'il y a seulement *promesse* ou *engagement* soit partiel soit réciproque; il n'y a pas vente toutes les fois qu'on se réfère à une époque postérieure pour la détermination, soit de la chose, soit du prix, soit des qualités substantielles ou non substantielles qui peuvent faire l'objet d'une stipulation expresse; en d'autres termes, il n'y a pas vente toutes les fois qu'on se réserve à s'entendre plus tard, soit sur une condition sans laquelle on ne contracterait pas, soit sur une clause telle que l'acheteur n'eût pas acheté sans elle.

C'est donc une question de fait que de rechercher l'intention évidente ou présumable des parties et le but qu'elles se sont proposé en contractant.

En règle générale, pour former la vente, le consentement respectif des parties doit intervenir dès l'origine du contrat.

La vente peut se former par le simple consentement et sans écrit, ou par écrit. Ce deuxième mode comprend aussi la correspondance. Dans le premier cas, la vente n'existe que lorsque les parties se sont bien entendues et ont convenu du tout avant de se séparer : c'est une condition *sine qua non*. Dans le second, la vente n'est parfaite que lorsque l'écrit est confectionné.

Le consentement doit enfin porter sur le prix, qui doit être le même pour l'acheteur et pour le vendeur, autrement il n'y aurait pas vente. Nous supposons le cas où l'acheteur, pour qu'il n'y ait pas vente, a cru acheter pour un prix moindre que celui qui a été indiqué par le vendeur. Dans le cas au contraire où l'acheteur compte, par erreur, acheter pour une somme plus forte que celle pour laquelle le vendeur veut vendre, le contrat est valable, parce que le prix du vendeur se trouvant compris dans celui de l'acheteur, ce dernier se trouve, à *fortiori*, l'avoir accepté.

Nous savons que quand on soumet la vente à la formalité de l'écrit, ce n'est que du moment où l'acte est confectionné que la vente est parfaite ; et que si l'écrit n'a pas été pris comme condition essentielle du contrat, c'est du moment où les partiessont tombées d'accord sur la chose et le prix qu'elle aquiert sa perfection. Mais il peut se faire que les parties se trouvent dans l'impossibilité de s'entendre verbalement, et de former un écrit constatant la convention; c'est alors à la correspondance qu'elles ont recours. La vente entre absents ou par correspondance exige un peu d'explications; car par son importance et sa fréquence dans le commerce, il est utile de rechercher à quel moment le concours des volontés se réalisera pour que la vente prenne son existence.

La correspondance commmence souvent par une lettre missive qui rapproche les parties, et remplace la partie absente devant le destinataire. C'est elle, si l'on nous permet l'expression, qui parle pour le missiviste. Mais quel est le moment auquel l'opération se passe? C'est à la lecture de la lettre par le destinataire; c'est alors en effet que se fait l'offre d'acheter ou de vendre, et c'est à ce moment là que le destinataire acquiert un droit, qui est celui d'obliger le missiviste à exécuter. Il faut donc pour que l'acceptation produise son effet que l'expéditionnaire de la lettre persiste dans sa proposition et qu'il y persiste jusqu'à la réception de sa lettre et à sa lecture. Jusque-là il peut révoquer son offre soit par une autre lettre soit de tout autre manière. Cette seconde lettre expédiée ainsi promptement avertit le destinataire que l'offre est retirée; et pourvu que cette lettre de révocation soit expédiée à temps, peu importe qu'elle soit reçue avant ou après la lettre d'offre. Car ce n'est que la lecture de cette dernière qui fait naître l'obligation, à moins que le missiviste ne se soit empressé de révoquer son offre avant que le destinataire n'ait pris lecture de la lettre missive. Ainsi pour que l'offre soit valable, la persistance du consentement jusqu'au moment où l'autre partie a déclaré qu'elle acceptait le marché, est nécessaire pour donner naissance au contrat.

Voici à cette occasion un exemple de Pothier :

« Si j'ai écrit à un marchand de Livourne une lettre dans laquelle je lui proposais de me vendre une certaine partie de marchandises, pour un certain prix, et que avant que ma lettre ait pu lui parvenir, je lui en ai écrit une seconde, par laquelle je lui marquais que je ne voulais plus cette emplette, ou qu'avant ce temps je sois mort, ou que j'ai perdu l'usage de la raison, quoique le marchand de Livourne, au reçu de la première lettre, ignorant ou mon changement de volonté, ou ma mort, ou ma démence, ait fait réponse qu'il acceptait le marché proposé, néanmoins il ne sera intervenu entre nous aucun contract de vente ; car ma volonté n'ayant pas persévéré jusqu'au temps que le marchand a reçu ma lettre et accepté la proposition qu'elle contenait, il ne s'est pas rencontré un consentement ou concours de nos volontés, nécessaire pour former le contrat. » (1)

(1) Pothier, *De la vente*, n° 32.

Nous résumerons cette question en disant, que l'offre faite par lettre peut être valablement acceptée, tant que l'offrant n'a exprimé par lettre ou de tout autre manière une volonté contraire.

Poursuivant dans la même idée, on se demande si le sort de la vente s'attache au seul fait de l'acceptation, ou s'il faut au contraire, que celui qui provoque l'acceptation ait connu de son côté cette même acceptation ?

Des auteurs soutiennent que l'acceptation suffit pour la validité de la vente; qu'en conséquence la révocation de l'offre, de la part de l'offrant, postérieure à cette acceptation, sa mort ou son incapacité, n'empêcheraient pas la validité de l'envoi des marchandises à sa destination de la part de celui à qui les offres ont été faites ; et ce malgré la mort ou le changement de volonté du destinataire.

Nous ne saurions pas admettre cette solution qui n'accorderait pas aux parties contractantes une situation égale. Si celui qui a fait les offres peut les rétracter tant qu'elles n'ont pas été lues, pourquoi ne pas accorder à celui à qui ces offres ont été faites le droit de signifier son acceptation et de la rétracter tant qu'elle n'a pas été reçue et lue ? D'ailleurs, comment pourrait-on déterminer exactement son acceptation et l'époque de cette acceptation ? L'envoi des marchandises ne peut-il pas être arrêté en cours de voyage ? La vente ne peut pas être parfaite pour une partie et imparfaite pour l'autre. Il y a par conséquent de part et d'autre grand intérêt à ce que le consentement persiste jusqu'à connaissance réciproque de l'acceptation. Or, le consentement n'est parfait que s'il est connu de part et d'autre. Nous admettons donc, que si l'obligation de l'auteur de l'offre naît de la réception de la lettre, l'obligation de l'acceptation n'est acquise que par la réception de la réponse ou des marchandises si elles ont été envoyées directement et sans retard.

Supposons, maintenant, que l'acceptant, au lieu de répondre, sans aucun autre préliminaire, fasse directement l'envoi de ses marchandises. Cet envoi prouve son acceptation. Rien de plus acceptable, et rien n'est plus incontestablement admis dans le commerce qu'une prompte et exacte exécution.

Mais si, comme le suppose Pothier, cet envoi est fait dans l'ignorance du changement de volonté de celui qui fait les offres, de sa mort ou de sa démence, le correspondant a-t-il le droit de faire exécuter le marché? Certes il le pourra; et il a ce droit, non pas en vertu de la vente, qui ne pouvait pas naître sans accord des parties, mais en vertu du principe que toute personne doit être indemnisée du préjudice que lui occasionne le fait d'autrui. Ainsi ces marchandises doivent toujours rester pour le compte de celui qui a réclamé l'envoi.

— La vente a toujours pour objet une chose (c'est

ce qui forme son second élément); et tout ce qui a une valeur appréciable, une valeur vénale, peut faire l'objet d'une vente commerciale, quand toutefois cet objet est susceptible d'être vendu.

Comme en droit civil la vente d'une chose qui n'existe plus au moment du contrat est nulle faute d'objet à moins qu'on n'ait eu l'intention de faire une vente à forfait ou vente à risques et périls.

La vente peut avoir pour objet non-seulement un corps certain, mais aussi des choses *in genere*. Quel est l'effet de la vente en matière commerciale, lorsqu'elle a pour objet un corps certain. Est-ce que la propriété en est transférée à l'acheteur par le seul consentement des parties tout comme un droit civil?

« Les achats et ventes en fait de commerce, est-il dit dans le discours préliminaire du Code de commerce, ont pour objet des valeurs mobilières *dont la propriété s'acquiert par la tradition.* » Cette phrase entendue telle qu'elle est pourrait bien nous donner à croire que le principe de la translation de propriété par le seul consentement n'est pas applicable en matière commerciale, surtout lorsqu'on remarque le silence du Code de commerce à cet égard. Mais il est certain qu'en général les ventes commerciales qui ont pour objet des quantités étant les plus fréquentes, le passage cité a été prononcé sous l'influence du *quod plerumque fit.* Cette interprétation plus rationnelle du passage nous décide à rejeter le sens qu'on leur donne lorsqu'on ne se contente d'examiner que la surface des choses, et nous force à admettre que toutes les fois qu'il s'agit d'un corps certain, c'est toujours le principe du droit civil qu'il faut appliquer.

Nous savons que tout ce qui a une valeur vénale appréciable peut faire l'objet d'une vente. D'après cette donnée, le nom d'un commerçant qui vend son établissement commercial ou industriel peut-il être compris dans la vente?

Si en droit commun la vente du nom est nulle, cette même vente échappe dans notre matière à la règle; car l'utilité de ce nom peut, en effet, dans le commerce, être la seule cause de la richesse de l'exploitation. La réputation fait tout en certaines matières. Ainsi, à moins de stipulation contraire, cette condition est comprise dans le contrat au point que l'acheteur peut prohiber au vendeur la faculté de donner son nom à un autre établissement pareil. Décider autrement serait une injustice, car ce serait prendre d'une main ce que l'on aurait donné de l'autre. Il y a là à présumer que l'acheteur n'eût pas acheté s'il avait prévu cette concurrence.

Nous arrivons à une question des plus importantes, et qui a donné lieu à beaucoup d'interprétations différentes d'après l'article 1599 du Code Napoléon, la vente de la chose d'autrui est nulle. Quel est le sens de cette phrase?

Sans nous occuper des nombreux systèmes qui

s'efforcent à donner à cet article un sens positif, nous n'avons ni l'intention, ni la prétention de compliquer les choses par un dernier. Tout le monde étant d'accord que cet article est dans son obscurité inutile, examinons au moins, d'après les principes du droit civil, quelle peut avoir été l'intention du législateur en rédigeant cet article.

D'après le droit romain la vente de la chose d'autrui était valable, non pas parce que le vendeur s'engageait à procurer la possession seulement, mais parce que la vente n'était alors qu'un contrat productif d'obligations.

En droit français, la vente prend un caractère plus décisif; non-seulement elle crée des obligations, mais elle a pour but principal de transférer la propriété à l'acheteur. Le législateur français a été plus pratique que le romain, car il a deviné que l'acheteur entend acquérir, en échange du prix qu'il promet, la propriété d'une chose à l'abri de tout danger d'éviction. Il a donc déclaré nulle, la vente qui ne transfère pas la propriété de l'objet déterminé que l'on met en vente. Imbu donc de ce principe que l'on ne peut pas vendre ce qu'on n'a pas, il n'a entendu annuler que les ventes qui ont pour objet des choses que le vendeur présente *comme siennes* quand elles ne le sont pas.

Quant aux effets, ils sont toujours les mêmes en droit romain comme en droit français, quand la vente a pour objet la chose d'autrui. Si, en effet, en droit romain l'acheteur avait une action pour exiger la tradition de la chose vendue, une action en garantie en cas d'éviction ; en droit français l'acheteur de bonne foi qui a ignoré que la chose n'appartenait pas au vendeur, a aussi une action pour se faire mettre en possession, et en cas d'éviction, une action en garantie ou en dommages et intérêts. Comme on doit s'en apercevoir, la vente aujourd'hui ne diffère de celle en droit romain qu'au point de départ ; mais l'intérêt de cette différence n'est pas bien grand puisqu'il aboutit au même résultat.

Remarquons seulement, et c'est là l'intérêt de la distinction, qu'en droit romain le vendeur de bonne foi d'une chose d'autrui, ne pouvait être attaqué par l'acheteur, tant que celui-ci n'était pas troublé dans sa possession, tandis qu'en droit français l'acheteur qui a la preuve qu'on lui a vendu la chose d'autrui, a le droit, même au cas où il ne serait pas troublé dans la possession, d'agir en nullité de la vente, même si le vendeur était de bonne foi.

Mais quel est le caractère de cette nullité ? L'acheteur croyant acheter la chose du vendeur a commis une erreur, puisque cette chose ne lui a jamais appartenu. Or comme l'erreur est un vice du consentement, l'acheteur peut demander la nullité de la vente, non parce que la vente est nulle de plein droit, mais parce qu'elle est annulable, et par conséquent susceptible da ratification. De manière que l'acheteur qui a la preuve qu'on lui a vendu la chose d'autrui peut, aujourd'hui, quoique non troublé, demander la résiliation du contrat. Cette résiliation aboutit aux dommages-intérêts contre le vendeur qui en est plus ou moins responsable suivant qu'il a été de bonne ou de mauvaise foi (art. 1650 et 1651 C. Nap.).

Passons maintenant à une seconde question, et demandons-nous si cet article est applicable aux matières commerciales.

« Le nouveau droit de cité, nous disent MM. Delamarre et Lepoitevin, prohibe et frappe de nullité la vente de la chose d'autrui. Le droit marchand la légitime et la protège ; c'est le plus puissant moteur de la circulation commerciale, la source la plus féconde de la prospérité de ce grand commerce dont le ministère est de rapprocher la nation et de pourvoir aux besoins de la société universelle des hommes. »

Cette opinion est-elle tout à fait juste ? nous ne le pensons pas. Examinons d'abord les exemples que MM. Delamarre et Lepoitvin ont choisi pour nous expliquer comment ils entendent la vente de la chose d'autrui. « Je vous vends les quatre chevaux de trait qui appartiennent à Jacques et dont il se sert pour entreprise de transport. — Je vous vends pour tel prix et livrable le 1ᵉʳ mai prochain, la cargaison d'oranges, qu'apportera en tel port, à la consignation de Pierre, le brick la *Sirène*, appartenant à Salomon, en retour de Lisbonne, marché ferme (1). » Ces ventes, pré-

(1) MM. Delamarre et Lepoitvin, t. IV, nᵒˢ 51 et 52.

tendent-ils, nulles en droit civil, sont valables en droit commercial. Remarquons seulement que les mêmes auteurs affirment d'avance que le vendeur d'une chose d'autrui, même s'il ne possède pas, ne la vend pas moins valablement, car il promet de la livrer ou de la faire avoir, sauf à s'entendre avec le propriétaire ou le possesseur légitime, ce qui entraîne nécessairement un délai pour la tradition.

Quand on a pu prononcer ces mots : *sauf à s'entendre avec le propriétaire*, n'a-t-on pas admis d'avance que c'est une vente dans laquelle on se porte fort, dans laquelle on promet que le propriétaire vendra ? Or, n'y a-t-il pas de la sorte une application évidente de l'art. 1120 du Code Napoléon ? Ces ventes sont donc valables, et d'autant plus valables qu'elles sont formellement consacrées par la loi civile. Ceci écarte donc forcément l'application de l'art. 1599, qui n'a en vue que des choses dont on se dit propriétaire et que l'on vend à un acheteur de bonne foi : or, *Nemo dat quod non habet*. De ce principe, on peut encore déduire cette autre conséquence que, la vente des choses considérées *in genere*, est toujours valable, lors même qu'on ne possède pas, car la chose n'étant pas déterminée l'obligation résultant du contrat reste toujours la même.

Or, qu'est-ce qui nous empêche d'appliquer ces règles au droit commercial ? Les effets de la vente qui a pour objet des quantités sont les mêmes,

qu'il s'agisse de vente civile ou de vente commerciale. La vente des choses dont on se porte fort
est valable d'après l'art. 112, du Code Napoléon, à
plus forte raison doit-elle l'être en matière commerciale. Jusque là nous sommes de l'avis de
MM. Delamarre et Lepoitevin, en ce sens que ces
ventes sont permises dans le commerce ; nous
avons seulement démontré que ce n'est pas par
exception à l'art. 1599.

Nous allons même plus loin, et nous admettons
encore avec M. Bédarride que la règle *en fait de
meubles, possession vaut titre*, reçoit plus d'étendue
en matière civile qu'en matière commerciale.

Quoique nous ne partagions nullement l'interprétation que M. Bédarride fait de cet article, il
est incontestable que les achats et ventes commerciaux n'ayant jamais pour objet que des valeurs mobilières, la règle « en fait de meubles possession vaut titre » doit toujours être applicable. Un motif d'équité et un motif d'ordre public ont été les gé-
nérateurs de cette règle ; et, dit le même auteur, « Ce
qui était pure convenance en droit commun est en
commerce une invincible nécessité. Il était impossible d'astreindre le commerçant à exiger de son
vendeur la preuve de sa propriété. On n'aurait
pu le faire sans méconnaître les nécessités réelles
du commerce (1) »

L'article 2280 ajoute encore une hypothèse à la
nôtre, où la vente, quoique faite d'une chose d'au-

____

(1) M. Bédarride, Des achats et ventes, p. 31.

7

trui, est valable. « Si le possesseur actuel de la chose volée ou perdue l'a achetée dans une foire, ou dans une vente publique, ou d'un *marchand vendant des choses pareilles*, le propriétaire originaire ne peut se la faire rendre qu'en remboursant au possesseur le prix qu'elle leur a coûté. » Voici encore ce que dit à cet égard le même auteur: « Ainsi, si pour le citoyen ordinaire l'achat fait dans une foire ou dans un marché, ou d'un marchand vendant des choses pareilles, oblige le propriétaire à en restituer le prix, on ne saurait se dissimuler que l'acheteur commercial sera à l'abri des effets de la revendication par la force même des choses, car il aura toujours acheté soit en foire, soit à la bourse, soit à un marchand vendant des choses pareilles (1) » Et il ajoute plus loin: « L'acheteur n'a ni qualité ni droit pour vérifier l'origine de la chose qu'il achète; il suffit que le vendeur l'eût en sa possession, et l'ait réellement livrée, pour que l'opération produise tous ses effets en sa faveur et qu'il soit même à l'abri d'une revendication. »

Après avoir ainsi restreint à un nombre très-limité de cas l'application en droit commercial de l'article 1599 du Code Napoléon, nous admettons toujours que, pour les hypothèses qui pourraient se présenter et auxquelles on ne pourrait pas appliquer les dispositions que nous venons d'étudier, l'article qui fait l'objet de notre controverse

(1) M. Bédarride, p. 53.

doit être suivi. Aussi nous finirons par ces mots de M. Demangeat : « Les juges qui croiraient devoir prononcer la nullité de la vente pour se conformer à l'article 1599 ne devraient pas distinguer suivant qu'il s'agit d'une vente commerciale ou d'une vente civile (2). »

— « Si au moment de la vente la chose vendue était périe en totalité, la vente serait nulle. — Si une partie de la chose seulement est périe, il est au choix de l'acquéreur d'abandonner la vente ou de demander la partie conservée en faisant déterminer la prise par la ventilation..» (Art. 1601 C. Nap.). Cet article prévoit deux hypothèses, la perte totale de la chose vendue, ou sa perte partielle.

Pour que la vente soit valable il lui faut un objet, car c'est un élément essentiel à son existence. Mais si la chose qui forme l'objet de la vente n'a pas d'existence actuelle, il faut au moins qu'elle puisse exister un jour ; de manière que si au moment de la vente la chose n'existait pas ou n'existait plus, la vente n'a pas pu exister faute d'objet. Il y a toutefois une distinction à faire entre la vente de marchandises *in genere* et celle d'un objet certain. La première produisant des obligations, reste toujours valable, et oblige le vendeur à livrer, peu importe qu'il ait été possesseur de la chose ou non ; peu importe que la chose ait été détruite avant le contrat ou non

(1) M. Demangeat, t. II, p. 116 *infine.*

La seconde est au contraire nulle si elle périt en totalité. Ce point, incontestable en droit civil, ne l'est pas moins en matière commerciale, à moins que les parties n'aient eu en vue dans la vente les risques que la chose peut encourir. Cette vente *aux risques et périls* est plus fréquente dans le commerce et surtout dans le commerce maritime. Présentant beaucoup de difficultés dans sa constatation, les juges sont appelés à examiner le fait et à rechercher si les parties ont entendu contracter purement et simplement ou si elles n'ont entendu faire qu'une vente aléatoire; car il est probable que l'imminence de la perte soit entrée pour beaucoup dans la détermination des conditions et du prix de la vente. On peut citer comme exemple la vente d'un navire en cours de navigation. Toutes les fois que l'acheteur prend sur lui les risques qui peuvent être cause de la perte du navire, la vente est à forfait. Ce que l'on vend ici n'est pas la valeur réelle du navire, mais la chance qu'il a d'échapper aux dangers prévus. En cas de perte, le vendeur n'en devra pas moins le prix.

Il n'est plus permis de donner la même solution si la vente a été contractée en vue de la possession du navire. Si le navire en effet avait péri au moment du contrat, la vente serait nulle; ou mieux il n'y aurait pas vente faute d'objet.

Dans ces hypothèses comme dans d'autres semblables, si les clauses du contrat ne peuvent nous guider à une décision sûre, on recherche l'intention des parties qui peut se rencontrer dans tous les éléments qui ont environné le contrat. Ainsi la vilité du prix, — la certitude du danger, — la connaissance de ce danger par les parties peuvent préjuger au caractère de la vente. Remarquons toutefois qu'il ne suffit pas une probabilité de danger. Les craintes de danger doivent être nées ; et dans l'exemple du navire, les doutes sur l'arrivée à destination doivent avoir commencé, à cause du retard, ou à cause d'une forte tempête, ou de la nouvelle de la perte de quelques navires. Ainsi, en prévoyant tout événement, tout danger, il faudrait pour que le contrat fût purement commutatif que chacune des parties contractantes fît un sacrifice en vue du danger menaçant les intérêts de chacune d'elles.

Nous avons dit qu'une vente sans objet est nulle ; mais si au lieu d'absence totale, elle n'était que partielle ? Si plusieurs objets ont été vendus cumulativement, et que quelques uns d'entre eux n'existent plus au moment du contrat, l'objet de la vente, qui forme un tout unique, n'étant plus le même, il ne peut pas y avoir accord de volontés. Il doit en être de même de la vente qui a pour objet des choses qui sont dans le commerce et d'autres qui n'y sont pas. Cette dernière vente peut encore se présenter sous un autre point de vue. Il peut en effet y avoir dans un seul et même acte plusieurs ventes de choses qui sont dans le commerce et d'autres qui sortent du commerce. Il est clair en ce cas que, à la différence du cas précédent, la vente est nulle pour les objets prohibés et valable pour les objets non prohibées; car il y a là plusieurs ventes distinctes, quoique comprises dans le même acte, pouvant les unes être nulles sans que cela nuise aux autres.

La vente reste valable si l'objet péri n'est qu'un accessoire de ce qui a été vendu; ce qui n'empêche pas une réduction proportionnelle du prix en faveur de l'acheteur. Nous exceptons le cas où l'absence ou la perte de cet accessoire est d'une importance telle, qu'en son absence l'acheteur n'eût pas conclu la vente. Il faut ajouter que dans tous ces cas le vendeur doit avoir agi de bonne foi et dans l'ignorance de la perte de la chose. Si le vendeur connaissait la perte, l'acheteur qui l'ignorait peut, non seulement demander la nullité de la vente, mais encore des dommages et intérêts. L'acheteur n'aurait droit ni à l'une ni aux autres s'il connaissait les détériorations.

—La chose vendue doit être déterminée. Quoique ce principe soit clair et facile à comprendre, il a cependant présenté des difficultés. Ainsi, même après l'indication faite d'une espèce de marchandise, on peut se trouver dans l'indécision, relativement au choix; parce que la même espèce de marchandise peut présenter plusieurs degrés de bonté. En pareil cas, si l'acte ne donne aucun autre éclaircissement, la détermination de la qualité et quantité peut se révéler dans la correspondance antérieure. Que si l'on n'y parvenait pas, devrait-on annuler la vente faute de désignation?

Nous ne le pensons pas toujours du moins, et nous sommes convaincu que si la désignation de l'espèce est essentielle à la qualité de la vente, la désignation n'est pas en général exigée à peine de nullité. Si la Cour de Metz a décidé le contraire, c'est parce qu'elle a confondu la qualité avec l'espèce. Il s'agissait d'une vente de fer battu ; elle l'a annulée, attendu qu'il était notoire qu'il existait trois espèces de fer battu : le tendre, le métis et le fort, lesquels ont une valeur différente et que la vente ne déterminait pas laquelle des trois *espèces* a été vendue.

M. Bédarride nous dit en parlant de cet arrêt : « Ce que les parties avaient omis était l'indication de la qualité et non de l'espèce.

« Dans ces termes pouvait-on annuler la vente ? Nous ne saurions l'admettre. Un pareil rigorisme est peu compatible avec les besoins du commerce, il donnerait lieu à trop de chicanes, à trop de fraudes... Dans le commerce, les choses ne se passent pas comme dans les ventes ordinaires. Les marchandises ont un prix courant qui est officiellement coté à la Bourse, que chaque commerçant connaît et doit connaître ; le vendeur qui livre, l'acheteur qui accepte au prix de 10 francs, n'a pu avoir en vue que la qualité cotée à ce prix et non celle qui valait à la même époque 15 ou 20 francs (1). »

C'est avec raison que M. Bédarride s'est appuyé sur les dispositions de l'article 1128 du Code Napoléon, ainsi conçu : « Il faut que l'obligation ait pour objet une chose au moins déterminée quant à son espèce. La qualité de la chose peut être incertaine, pourvu qu'elle puisse être déterminée. »

Ainsi, si, pour éviter toute contestation, il est plus prudent aux parties de désigner la qualité, la loi ne le leur impose pas. Du reste, et par analogie, ne pourrait-on pas argumenter de l'article 1022 du Code Napoléon ?

— Le troisième élément essentiel à la vente est le prix. Il doit consister en argent.

Peut-on prendre comme équivalant à l'argent des denrées ou marchandises ayant un cours connu ? En matière commerciale, tout comme en matière civile, le prix des marchandises ne peut consister qu'en argent, peu importe le cours légal de cet argent ; autrement il y aurait échange, à moins que préalablement les marchandises n'aient été estimées, cas auquel il n'y aurait pas de payement effectif, mais *datio in solutum. Non enim pretii numeratio, sed conventio perficit emptionem.*

En supposant que le prix ait été stipulé partie en argent et partie en marchandises, c'est d'après les circonstances et d'après la somme relative de l'argent qu'il faut décider s'il y a eu vente

(1) M. Bédarride, p, 69.

ou non. En cas de doute c'est d'après l'importance soit du prix, soit de la marchandise qu'on doit décider.

Il faut, en second lieu, que les parties fixent elles-mêmes le prix de la vente, ou qu'elles s'engagent au moins à ce que le prix soit déterminé par telles ou telles personnes déterminées, ou par la justice à leur défaut. En d'autres termes, il faut que dès le principe le prix soit suffisamment déterminé ou déterminable. Il peut être stipulé payable à terme ou au comptant.

Mais une fois le prix déterminé, même s'il devait ultérieurement augmenter dans une condition prévue et dans une proportion à arbitrer, le prix est déterminé et la stipulation accessoire et incertaine ne l'empêcherait pas d'être valable.

Si le prix est un élément essentiel du contrat, s'il n'est certain que lorsqu'il est entièrement ou partiellement déterminé par les contractants eux-mêmes, ou par des arbitres de leur choix, comme ce qui forme le contrat est bien l'accord des volontés des contractants, il s'ensuit que le prix ne peut pas être remis à la décision de l'acheteur seul, ou du vendeur seul; il s'en suit encore qu'il n'y a pas de vente si les parties remettent à une époque postérieure la détermination du prix.

Le prix est aussi *certain* lorsque je vous vends une chose pour le prix qu'elle m'a coûté. Le prix est certain lorsque je vous vend des marchandises, pour le prix que vous possédez actuellement, ou même que vous avez dans votre caisse. Seulement dans cette dernière espèce, s'il n'y a pas d'argent il n'y a pas de prix, et par conséquent pas de vente ; mais si dans la caisse on trouve de l'argent, pour peu qu'il y en ait, la vente serait valable. Il est encore certain quand je vends à Paul cent mesures de fèves, au prix qu'elles vaudront demain à la Bourse.

Les parties peuvent envoyer la désignation du prix à des arbitres qu'ils nomment soit dans le contrat, soit qu'ils se réservent à les nommer ultérieurement. Le prix est alors réputé certain. Ce qu'on exige n'est pas un prix certain en lui-même ; il suffit que les parties soient suffisamment liées, pour que le prix puisse être ultérieurement déterminé sans un nouvel acte de leur volonté, et en conséquence du consentement dès à présent donné par elles. Je puis valablement vous vendre une chose pour le prix que *nous conviendrons plus tard*, ou qui sera fixé, en cas de désaccord, par des arbitres désignés. En ce cas, le prix est aussi déterminable ; car la fixation pourra toujours se faire par experts. Le juge ne peut pas déterminer le prix à défaut de la part des arbitres de le déterminer, à moins que cela n'ait été stipulé d'avance par les parties.

C'est une condition que les parties doivent prévoir ; autrement il n'y aurait pas vente.

Il faut bien remarquer que, tant que les experts

n'ont pas fait l'estimation qui leur est confiée, il n'y a pas de vente, nonobstant les mots, *vendre*, *acheter* : c'est un contrat innomé qui se changera en vente. En attendant, le prix est tenu *pro certo.*

Supposons maintenant que sans attendre la détermination des arbitres, le vendeur ait livré la chose vendue, et qu'ensuite les arbitres refusent de se prononcer. *Quid juris ?* Cette tradition peut s'interpréter de deux manières. Elle est présumée avoir été faite à *titre de dépôt*, en attendant une décision ultérieure des parties, si la marchandise se trouve encore intacte entre les mains de l'acheteur et dans l'état où elle était au moment de la livraison; cas auquel l'acheteur peut la revendiquer si le prix n'est pas déterminé.

Dans le cas contraire et pour peu qu'il y ait de doute sur ce point, on doit présumer un pacte tacite de recourir au juge pour le cas où les tiers arbitres manqueront à l'estimation de la chose, à moins que les parties ne s'accordent au choix de nouveaux arbitres. C'est donc une question de fait.

Le contrat de vente par lequel les arbitrateurs devront être nommés postérieurement est-il valable? Le prix est-il *tenu pour certain?*

Cette question a été controversée en droit romain; mais il y a lieu de croire que cette vente fut généralement admise. Dans l'ancien droit français, Pothier nous le dit bien, on pouvait se réserver le droit de nommer ultérieurement les experts. Quant à notre droit actuel l'art. 1592 du code Nap., n'établit aucune distinction. On ne peut donc pas en déduire qu'il ne soit pas permis de remettre la décision du prix à l'arbitrage d'un tiers à nommer. Cette prohibition serait du reste contraire aux principes admis ; car dans une vente par correspondance, comment la partie étrangère à la localité sur laquelle devront être pris les experts pourra-t-elle les désigner au moment où elle accepte à son domicile l'offre ou la demande qui lui est faite (1) ?

Mais voici ce qu'on nous objecte : Ce n'est pas de l'article 1592 que dérive cette prohibition ; c'est le principe qu'il ne faut pas qu'il dépende de l'une des parties la fixation du prix et par conséquent la validité de la vente. Or si les experts ne sont pas nommés dans le contrat, il suffirait pour empêcher la vente que l'une des partie se refuse à nommer les experts.

Nous répondrons, avec Pothier, que si le prix n'est pas certain au moment du contrat, il suffit qu'il doive le devenir par l'estimation qui en sera faite (2).

C'est aussi cette doctrine que notre législateur a suivie, puisque quand le Tribunat proposait d'ajouter à l'art. 1592 la condition que les tiers seraient expressément désignés par les parties, le

(1) Bédarride, *Des achats et ventes*, p. 84.
(2) Bédarride, n° 66, p. 9.

conseil d'État l'a rejetée. Il faut enfin admettre que notre doctrine est plus rationnelle et plus juste, tant en matière civile que par rapport aux exigences du commerce.

Ce cas, du reste, ne doit pas être confondu avec celui où les arbitres ont été nommés d'avance. Lors, en effet, que l'on fait la nomination des arbitres, il est certain que les parties ont eu pleine foi dans leur estimation, ils ont eu confiance en eux. Leur défaut anéantirait le contrat, car ils ne pourraient pas être remplacés ni par d'autres arbitres, ni par le juge. Dans notre espèce au contraire, les parties ne s'étant fixées sur personne, peuvent, à défaut des premiers arbitres, en choisir d'autres ; car elles ne se sont pas référées à des experts désignés, mais à des experts en général.

La vente d'une chose peut être faite pour le *prix qu'elle vaut* ; seulement alors le prix ne peut être fixé que par des experts. Il y a là aussi un engagement tacite des parties de nommer des experts dont ils conviendront plus tard. Cette espèce se confond avec celle où les parties se décident à nommer postérieurement des arbitres.

Rien de plus équitable que cette décision. Aucune des parties ne peut en ce cas s'affranchir de son obligation par le refus de l'exécuter, car il y aurait lieu alors à l'intervention du juge pour la nomination des experts (303 C. pr.).

Mais remarquons avec MM. Delamarre et Lepoitvin que vendre une chose pour le *prix qu'elle vaut* n'est pas la vendre *pour son juste prix*. Le juste prix doit contenter les parties contractantes ; tandis que la vente des marchandises pour *le prix qu'elles valent* appelle une décision qui peut mécontenter soit l'une, soit l'autre des parties contractantes, car elle peut donner lieu à trois différents prix : l'un fort, l'autre juste, et un troisième enfin inférieur. Tous les trois peuvent être donnés sans que les experts qui les déterminent commettent aucune injustice envers le vendeur ni envers l'acheteur. Du reste, ce qui décide le plus en pareilles circonstances, c'est l'intention des parties (1).

Par rapport au juste prix, nous avons une observation à faire, et pour cela nous nous demandons avec MM. Delamarre et Lepoitvin *s'il existe un juste prix*.

Oui il existe ; et c'est la moyenne entre le *maximum* et le *minimum* des différents prix qu'elle pourrait produire ; en d'autres termes, vendre au juste prix, c'est vendre la chose pour ce qu'elle vaut.

Ce juste prix est facile à retrouver là où il y a une bourse, car alors vendre au juste prix, c'est vendre au prix du cours que les courtiers ont seuls le droit de constater et qu'ils ont pu constater, en vertu de l'article 78 du Code de commerce

C'est aussi d'après les prix de bourse qu'il faut se réglementer dans la vente d'une chose pour ce

(1) Delamarre et Lepoitvin, t. IV, p 178 et suiv.

qu'elle vaut. Seulement, qu'il nous soit permis d'observer que, dans l'estimation du juste prix la détermination des arbitres peut être attaquée pour exagération ou insuffisance, tandis que dans la détermination du prix que peut valoir la chose vendue, on ne peut pas l'attaquer pour ces raisons, à moins que dans ce dernier cas il n'y ait eu de mauvaise foi; car la fraude fait exception à toute règle.

Mais que faut-il décider si, pour se modeler dans la fixation du prix, il n'existait ni bourse, ni courtiers, ni véritables mercuriales. En ce cas on se réduit à accepter les cours ordinaires des marchés, ou pour mieux m'exprimer, on accepte les prix courants, et conservés par ceux qui remplissent les charges de courtiers. Cela arrive fréquemment dans les pays où les courtiers ne sont pas des officiers publics (1).

Il existe encore une controverse sur le point de savoir quel est le caractère de cette clause, *je vous vends tel objet pour le prix qu'on m'en offrira*. On se demande si la vente est valable; si le prix est certain ou tenu pour tel. Des auteurs ont soutenu la validité de cette vente, mais ils n'ont pas deviné la nature de cette convention. Ils ont soutenu que le prix était déterminable, contre toutes les difficultés qu'on leur aurait pu objecter. Ce n'est pas notre avis. La vente pour le prix *qu'on m'offrira*

(1) En France, depuis la loi du 18 juillet 1866, la profession de courtier de marchandises est devenue libre.

n'est qu'une simple promesse de vente. Cette vente laisse le vendeur libre de vendre quand il le jugera convenable. Il ne peut pas être contraint à le faire, mais s'il se décide à le faire, il ne peut le faire sans tenir son engagement, sans accorder la préférence à celui à qui il s'est engagé de vendre. L'acheteur n'est pas lié à cette vente qui n'est pas irrévocable pour lui. Son refus d'acheter libérerait le vendeur de son engagement. Seulement nous n'assimilons pas, comme le fait M. Alauzet, cette vente à celle qui est faite au prix que d'autres propriétaires de semblables denrées ou marchandises vendraient dans un certain temps déterminé par l'usage ou la convention. Cette vente nous la déclarons valable, parce que le prix est, dans l'espèce, tenu *pro certo*.

La troisième et dernière condition exigée pour que le prix soit valable est qu'il doit être sérieux. Il ne faut pas cependant entendre pour prix non sérieux ou vil une valeur beaucoup moindre que la valeur réelle de la chose, un prix assez faible pour que les parties n'aient pu le regarder comme l'équivalent de la chose. En ce cas, il y a vente et vente valable. Le vendeur, en effet, pourrait être pressé par le besoin d'avoir de l'argent comptant, et alors rien d'étonnant qu'il ne se décide à vendre ce qui vaut 100 pour 10 ou 20 ; et cela très-sérieusement. Le besoin pour le vendeur, et les exigences impitoyables de l'acheteur, augmentent en ce cas de beaucoup la valeur du prix entre les contractants. Ne pourrait-il pas se faire aussi qu'une chose qui me coûte et qui vaut 80 me convienne beaucoup moins qu'une autre de moindre valeur et qui ne dépasse pas 15 ou 20? Du reste, si le droit civil accorde au vendeur d'immeuble seulement une protection formelle, c'est qu'elle la refuse dans tous les autres cas. Pourquoi n'en serait-il pas de même des ventes commerciales?

Il y a prix vil ou non sérieux quand je vous vends une chose d'une forte valeur pour un sou. Cette vente est nulle, parce qu'elle n'est pas sérieuse.

Le prix, pour nous résumer, doit consister en argent; il doit être suffisamment déterminé ou déterminable, sérieux, et qu'il ne soit pas vil.

—La vente commerciale subit, comme tout autre contrat, des modalités qu'il plaît aux parties d'y apposer, tels qu'une condition, soit suspensive, soit résolutoire, ou un terme.

On appelle condition un événement futur et incertain duquel dépend l'existence d'un droit.

La condition suspensive est celle qui suspend l'existence même de l'obligation. Il ne faut pas confondre les conditions suspensives avec les clauses, conditions ou charges du contrat; les premières, en effet, mettent en suspens la naissance de l'obligation, et les secondes ne peuvent recevoir d'exécution qu'après la naissance de l'obligation. L'exécution de la charge est une partie de l'exécution du contrat. Ex.: Je vous vends mille balles de coton si vous me louez pendant deux ans votre hôtel. Cette vente est faite sous condition suspensive ; elle ne sera parfaite que lorsque nous aurons fait le contrat de louage. Si au contraire je vous vends ces mille balles de coton, à la charge pour vous de me faire parvenir dans un bref délai trois mille barres de fer, nous faisons là un contrat de vente parfait, dès à présent, et sans qu'il y ait besoin d'attendre l'arrivée du fer. Il y a là une charge pour vous qui sera exécutée postérieurement.

La condition résolutoire est celle qui suspend, non point l'existence, mais la résolution du contrat qui est déjà formé. Ainsi, je vous vends mon bateau *la Péluse*, mais sous la condition que, si mon autre bateau qui mouille à Marseille périt avant trois mois, la vente sera résolue. Les conditions suspensives ou résolutoires sont et peuvent se présenter sous différentes formes.

Elles sont *positives* lorsqu'elles sont conçues sous une forme affirmative : si un tel *événement* arrive ; Elles sont *négatives* lorsqu'on dit au contraire : si un tel événement *n'arrive pas.*

La condition est *casuelle* lorsqu'elle dépend du hasard ou de la volonté d'un tiers. Je vous vends mille mesures de blé si mes barques arrivent aujourd'hui. Je vous vend mon blé si Pierre veut bien vous vendre le sien, et au même prix.

La condition *potestative* est celle qui fait dépendre l'obligation d'un événement qu'il est au pouvoir du débiteur de faire arriver ou d'empêcher.

C'est la condition *si voluero*. Je vous vends si je veux. Cette condition rend la vente nulle, parce qu'il n'y a aucun lien de droit de la part de celui à qui l'on veut imposer une obligation. La condition potestative est par conséquent prohibée comme dans tous les contrats à titre onéreux.

Il faut cependant remarquer que la condition qui est purement potestative, non pas de la part du *débiteur*, mais de la part du *créancier*, n'annule point l'obligation qui lui est subordonnée. Seulement, au lieu d'un contrat synallagmatique, nous avons alors un contrat unilatéral.

La condition potestative devient mixte lorsqu'elle dépend de la volonté de l'une des parties, et d'un tiers, ou de la volonté des parties et d'un événement quelconque ; la vente est en ce cas valable.

La condition purement potestative résolutoire peut toujours être stipulée par l'une ou par l'autre des parties, et même par les deux parties, sans que cela empêche la validité de l'obligation ; comme dans cet exemple : je vous vends mon entreprise des messageries, me réservant de la reprendre au bout de tel délai, et vous laissant la faculté de me la rendre jusqu'à telle époque (1).

Remarquons enfin qu'on peut acheter sous une ou plusieurs conditions, qui peuvent être solidaires ou non d'après la lettre du contrat ou l'intention évidente des parties.

Tandis que l'une des parties peut s'obliger pure-

(1) Delamarre et Lepoitvin, t. IV, n° 23.

ment et simplement, l'autre peut s'obliger sous condition ou à terme, et *vice versâ*. L'obligation reste toujours la même.

La condition résolutoire se rencontre rarement dans les ventes commerciales. Les obligations qui en naissent, dit M. Bédarride, sont peu compatibles avec les usages et les besoins commerciaux et avec l'intérêt réel des parties. La vente des marchandises dans les magasins dont elles sont sorties donnerait lieu à des frais et exposerait à des pertes qu'on peut éviter. D'autre part, la nécessité de les conserver pour les restituer, le cas échéant, empêcherait de profiter de la hausse momentanée du cours, à l'échéance de la condition.

L'effet de la vente sous condition suspensive est de subordonner le contrat à l'événement de la condition. En attendant, il n'est pas permis aux parties de discéder du marché. La condition arrivée, elle a un effet rétroactif et l'acheteur devient propriétaire de la chose du jour du contrat. Ainsi le contrat de vente sous condition suspensive ne devient parfait qu'au moment de l'événement de la condition. La faillite de l'acheteur ne pourrait l'infirmer, et ses syndics doivent payer le prix intégralement au vendeur qui exécute. Il n'en est pas de même si c'est le vendeur qui tombe en faillite. L'acheteur ne pourrait recourir contre les syndics que pour se faire allouer des dommages-intérêts en indemnité de l'inexécution comme simple créancier chirographaire.

CHAPITRE III.

Le Code Napoléon s'occupe successivement de la vente de choses qui se comptent, se pèsent ou se mesurent, et de celles qu'on est dans l'usage de goûter ou d'essayer (art. 1585 à 1587). Quant aux choses qui se comptent, se pèsent ou se mesurent, de nombreuses hypothèses sont possibles.

Et d'abord, la plus fréquente est la vente des choses *in genere*. Dans ce cas, la vente n'engendre que réciprocité d'engagement, et la propriété ne se déplace que par la tradition.

Il peut se faire aussi qu'il y ait, comme disaient les vieux auteurs, *assignat limitatif*; il peut faire l'objet d'une vente de plusieurs manières.

La vente peut, en effet, être faite en bloc, lorsqu'elle a pour objet des choses prises dans leur ensemble, pour un seul et même prix. Cette vente est parfaite et transfère la propriété à l'acheteur, tout comme si elle avait été faite d'un corps certain, puisque cette masse forme un tout unique. Les risques passent alors à la charge de l'acheteur. Il faut, par conséquent, pour que la vente en bloc soit parfaite, un prix unique, et un tout, un ensemble formant un objet, « quoique les marchandises n'aient pas encore été pesées, comptées ou mesurées. » (Art. 1586, *in fine.*)

Toutefois, la détermination des marchandises en bloc une fois faite, n'empêcherait pas pour cela les plaintes que l'acheteur pourrait adresser au vendeur, lorsque la quotité indiquée dans le contrat ne se retrouve pas dans la marchandise.

Nous pensons aussi que l'on peut considérer comme vente en bloc celle qui a pour objet, non plus un ensemble de choses, un tout, mais aussi une quote-part de cet ensemble, pourvu cependant que le marché soit fixé par un prix unique. Si l'opération, au lieu d'être faite pour un prix unique, l'avait été à tant la mesure, la vente ne serait plus une vente en bloc, et les risques resteraient, comme nous allons le voir, à la charge du vendeur, ni le prix ni la chose n'étant déterminés dans ce dernier cas.

La vente est faite au poids, au compte et à la mesure, lorsqu'on ne vend pas des marchandises en masse pour un seul et même prix, ou lorsque c'est l'unité d'objet seulement qui manque, ou l'unité de prix. La marchandise doit alors, pour devenir déterminée, être comptée, pesée ou mesurée.

Mais quelle est la différence entre ces deux espèces de ventes?

Les articles mêmes nous la donnent. — Dans le langage du Code Napoléon, le contrat susceptible de transférer la propriété est appelé *parfait*; et ce n'est que lorsque le contrat est parfait qu'il est susceptible de transférer la propriété : dès lors, son effet est de mettre les risques à la charge de l'acquéreur.

L'article 1586 du Code Napoléon nous en fournit une nouvelle preuve en nous disant que la vente est *parfaite* quoique la marchandise n'ait point encore été pesée, comptée ou mesurée. C'est dire que lorsque la vente n'est pas parfaite elle ne transfère pas la propriété, et laisse par conséquent les risques à la charge du vendeur. Le mot *parfaite* de l'article 1585 doit donc être interprété de la même manière. « Lorsque les marchandises ne sont pas vendues en bloc, mais au poids, au compte ou à la mesure, la vente n'est point *parfaite*, en ce sens que les choses vendues sont aux risques du vendeur jusqu'à ce qu'elles soient pesées, comptées ou mesurées ; mais l'acheteur peut en demander ou la délivrance, ou des dommages-intérêts, s'il y a lieu, en cas d'inexécution de l'engagement. » On voit d'ailleurs que l'idée que le législateur donne de l'article 1586 est la conséquence de ce qu'il dit dans l'article précédent. Ce qui, dans le premier cas, empêche la translation de la propriété, l'opère dans le second. Les travaux préparatoires viennent enfin confirmer cette opinion. (1).

Mais la vente faite au poids, au compte et à la mesure, si elle n'est pas immédiatement parfaite, elle n'opère pas moins une convention qui lie les parties. C'est l'article même qui prend le soin de nous le dire. « L'acheteur peut en demander ou la

(1) Fenet, t. XIV, p. 4, 25, 85, 153, 182-185.

délivrance, ou des dommages-intérêts, s'il y a lieu, en cas d'inexécution de l'engagement. »

Au Code de commerce on trouve une dérogation à l'article 1585 du Code Napoléon ; elle se trouve dans l'article 100 dont nous aurons l'occasion de nous occuper. Qu'il nous suffise seulement de rappeler qu'il ne traite que des ventes faites à un acheteur qui ne se trouve pas au lieu où se trouve la marchandise ; en d'autres termes, l'article 100 traite des ventes faites sur commande.

Nous avons d'autres dérogations en matière commerciale, mais qui se rapportent spécialement aux articles 1587 et 1588 du Code Napoléon.

« À l'égard du vin, de l'huile et des autres choses que l'on est dans l'usage, de goûter avant d'en faire l'achat, il n'y a point de vente tant que l'acheteur ne les a point goûtées et agréées. » (Art. 1587.)

« La vente faite à l'essai est toujours présumée faite sous une condition suspensive. » (Art. 1588.)

À l'égard du vin, de l'huile, etc., la vente existe-t-elle même avant que l'acheteur ait goûté et agréé la chose vendue ? Il serait difficile de savoir au juste quelle est la pensée de la loi. Qu'a voulu dire le législateur par ces mots : *il n'y a point de vente tant que l'acheteur ne les a point goûtées et agréées?* De son côté l'article 1588, quand il dit que la vente faite à l'essai est présumée faite sous une condition suspensive, entend-il parler d'une condition proprement dite, ayant effet rétroactif ; ou n'entend-il pas plutôt qu'il s'agit de la fixation d'un des éléments constitutifs de la vente? En ce dernier cas la vente n'aurait d'existence, et son effet ne se produirait qu'à partir du jour où l'essai sera fait et reconnu satisfaisant.

Les interprètes se partagent sur le sens de ces articles, d'autant plus qu'il leur est même difficile d'argumenter des travaux préparatoires du Code. Heureusement cette controverse ne s'établit qu'en pure doctrine, car quelles que soient ici les intentions du législateur, c'est uniquement celles que les parties ont eues en contractant qu'il faut rechercher. Cela est d'autant plus pratique et nécessaire qu'il a été formellement reconnu, lors de la rédaction de l'article 1588, qu'il pouvait y être dérogé par une stipulation, et que la vente à l'essai peut tout aussi bien être faite sous condition résolutoire que sous condition suspensive. Il eût donc mieux valu ne fixer d'avance aucune règle à cet égard, et laisser la loi neutre sur un point qui ne saurait dépendre que de la convention des parties contractantes.

Laissant de côté ces controverses, il faut interpréter la loi en ce sens; que, pour les choses que l'on est dans l'usage de goûter, il n'y a pas vente tant que l'acheteur ne les a point goûtées et agréées; que cependant, il faut surtout apprécier la volonté des parties pour décider si la convention a constitué un contrat ou un simple projet; si la vente était faite sous condition suspensive ou résolutoire; si enfin la qualité dont l'existence était prise comme objet de la condition, devrait être appréciée par le goût personnel de l'acheteur où si elle pouvait l'être par le sentiment général. Ainsi la condition de la dégustation, pour les choses qui sont prévues par l'article 1587, n'a pas besoin d'être stipulée expressément, puisqu'elle se déduit de l'article même. Cette stipulation expresse est au contraire exigée dans tout autre hypothèse.

Si l'article 1588 avait été fait sans aucune cause juridique, il est évident qu'il eût été presque un pléonasme de l'article précédent ; d'autant plus que la pratique ne fait aucune distinction entre les cas prévus par ces deux articles. Mais voici pourquoi les rédacteurs du Code se sont expliqués de la sorte. Pothier avait fait prévaloir le faux principe que la vente à l'essai doit toujours être réputée faite sous condition résolutoire ; en d'autres termes, il admettait que la vente devenait immédiatement parfaite, mais résoluble. C'est une erreur, car la vente à l'essai peut être faite aussi bien sous condition suspensive que sous condition résolutoire. Cette dernière condition, à dire vrai, arrivera fort rarement, parce qu'il est peu probable que l'acheteur entende prendre immédiatement à ses risques une chose qu'on lui livre pour l'essayer ; de manière que, dans la vente à l'essai, la condition suspensive aura lieu le plus souvent. C'est donc pour condamner la doctrine de Pothier que les rédacteurs du Code ont rédigé l'article 1588, prescrivant que la vente à l'essai serait présumée faite sous condition suspensive; ce qui laisse bien comprendre que la preuve du contraire est admise.

Une fois fixés sur le sens de ces articles, demandons - nous s'ils peuvent recevoir application en matière commerciale. Il y a lieu d'en douter lorsqu'on observe que dans le commerce, on achète pour revendre, et que c'est particulièrement pour cela que, presque toujours l'usage et la nature des choses veulent que la vente ne dépende pas uniquement du goût particulier de l'acheteur; — Quand on achète pour consommer, la validité de la vente dépend presque toujours de la dégustation et de l'agrément de l'acheteur; c'est une règle de droit commun. Il ne serait permis de recourir à l'arbitrage d'un tiers que lorsqu'on peut en induire la nécessité, soit de l'intention des parties, soit du caractère et de la nature du marché. Le commerçant, au contraire, n'a pas pour but de satisfaire son goût personnel. Il ne cherche dans l'opération qu'il fait, qu'une seule chose : du bénéfice sur une marchandise *loyale et marchande*. C'est pourquoi on ne le laisse pas le seul arbitre de la vente, pour lui permettre de s'en dégager en cas de baisse du cours de la marchandise. Un simple refus basé soit sur le caprice, soit sur la mauvaise foi de l'acheteur ne peut pas lui permettre de se dédire, lorque le marché n'est pas contesté et que la marchandise, d'après l'expression consacrée, est *loyale et marchande*. Voilà pourquoi il faudrait plutôt rejeter qu'admettre l'article 1587, qui se réfère aux actes de la vie ordinaire. Cet article, en effet, ne dispose que des achats que l'on a l'habitude de faire pour la consommation personnelle, et ne traite nullement des spéculations.

La condition de dégustation n'empêche pas cependant qu'il existe un lien de droit entre les parties, et l'acheteur peut être forcé de prendre livraison après dégustation faite; mais les experts peuvent être appelés pour remplacer l'acheteur dans la vente faite à l'essai entre commerçants.

Des arrêts ont été rendus en faveur de cette opinion, et c'est après les avoir cités que M. Alauzet nous dit : « Les vendeurs agiront donc sagement en faisant leurs réserves contre la stricte application qui pourrait leur être faite de l'article 1587, et en stipulant leur recours à une expertise (1). » L'auteur fait ainsi entrevoir le grand parti que l'opinion contraire s'est formé.

Ainsi à la question de savoir si l'article 1587 est absolument applicable aux ventes commerciales, nous répondrons par ce fragment de M. Demangeat : « Cela n'est point vrai d'une manière absolue, comme je vais le montrer par quelques exemples. Un marchand de vin entre dans le cellier d'un propriétaire et achète pour 150 fr. chacune les douze pièces de vin rouge qui s'y trouvent. Appliquerons-nous l'article 1587 ? Oui ; si le goût personnel du marchand est désin-

____
(1) M. Alauzet, n° 1802.

téressé, il importe beaucoup à ce marchand que le vin soit conforme au goût qu'il connaît à ses clients. — Au contraire l'acheteur se propose de livrer les vins à un établissement public, par exemple à un hospice dont il est le fournisseur. Ici, comme l'administration ne se refusera pas, pourvu qu'elle soit *loyale et marchande*, on ne s'en rapportera pas au goût personnel de l'acheteur; mais s'il y a contestation entre lui et le vendeur, des experts apprécieront *quale sit quod venditum est*. L'acheteur ici est obligé sous cette condition suspensive: si la chose est loyale et marchande (1). »

M. Demangeat nous fait remarquer aussi que toutes les fois qu'il y a vente de choses que l'on est dans l'usage de goûter avant d'en faire l'achat, et que ces choses sont expédiées sur commande, l'acheteur est censé avoir renoncé au droit de subordonner la vente à son goût personnel, fût-il consommateur et non marchand. Cette présomption est donc générale et s'étend aux ventes commerciales aussi bien qu'aux ventes civiles; parce que l'article 1587 se borne seulement, et nous l'avons vu, à interpréter la volonté probable des parties. L'acheteur peut donc renoncer aux dispositions de cet article soit expressément, soit tacitement. A moins donc que l'acheteur ne se soit réservé le droit de goûter, cas auquel la vente serait jusquelà en suspens, il suffit, lorsqu'il se fait expédier de

(1) M. Demangeat, t. 2, p. 411.

la marchandise de telle qualité, qu'elle soit de la qualité requise et qu'elle soit loyale et marchande.

Il en est de même pour le cas où un acheteur, plein de confiance dans l'honnêteté et la délicatesse du marchand, lui prend la marchandise et l'emporte sans y goûter dans une ville éloignée. Il est évident qu'il se forme alors une vente, non pas sous condition suspensive, mais une vente pure et simple.

La même solution doit être donnée lorsque l'acheteur au lieu de se borner à essayer la chose, s'en servait comme sienne, cherchant d'en tirer quelque profit. Il est alors présumé l'avoir agréée et les risques restent alors à sa charge.

Disons enfin que les juges du fond peuvent décider, qu'au cas où la marchandise a été reçue sans protestation, ni réserve, il y a alors acceptation tacite de la part de l'acheteur.

Toutes ces hypothèses, du reste, où l'on voit que l'acheteur n'a pas acheté à son goût personnel, et a d'une manière quelconque renoncé au droit d'essai, sont communes aux ventes civiles et commerciales.

Lorsque aucun délai n'est fixé par les parties pour la dégustation de la marchandise, le juge à défaut d'usage doit lui-même l'établir. Si l'acheteur n'a pas fait l'essai dans le délai qui lui serait imputé par la convention, ou par l'usage, ou enfin par le juge, la condition est défaillie et il ne peut plus exiger la délivrance de la marchandise.

La dégustation doit être faite au lieu de la livraison, quand il n'y a pas eu clause à ce contraire.

La condition d'essai, ou celle de dégustation étant suspensives, rien n'empêche les parties de convenir que la vente sera parfaite du jour du contrat ; la condition de dégustation même maintenue n'empêcherait pas l'obligation de naître entre les parties si elles sont d'accord sur la chose et sur le prix. Par l'effet de ce contrat l'acheteur pourrait forcer le vendeur à s'exécuter, et le vendeur pourrait obliger l'acheteur à venir faire la dégustation.

Mais si la chose offerte n'a pas été agréée, l'acheteur pourrait-il exiger qu'on lui en fournisse une autre de nature à être agréée ?

Une distinction est nécessaire pour répondre à cette question : et d'abord la vente est-elle faite d'un corps certain, par exemple de dix barriques de vin renfermées dans tel magasin, le vendeur ne peut ni se refuser à les livrer, ni en offrir d'autres en place, et l'acheteur peut être alors forcé d'accepter la même marchandise. Nous supposons bien entendu que la dégustation avait été faite d'avance. — Dans le second cas si la vente porte sur une quantité de marchandise *in genere*, sur vingt barriques d'huile, par exemple, l'obligation du vendeur est alors d'offrir de la marchandise loyale et marchande, et ce n'est qu'à cette condition que la vente est valable. L'acheteur peut toujours refuser la marchandise qui n'a pas ce caractère et en exiger d'autre ; parce que, supposant que le vendeur ait intérêt à l'annulation du marché, par la hausse que la marchandise pourrait avoir reçu depuis la vente, il ne manquerait pas d'offrir de la marchandise d'une moindre qualité. Il serait donc injuste d'abandonner le résultat de la vente à la mauvaise foi du vendeur. C'est pour cela que nous accordons à l'acheteur le droit d'exiger que le vendeur lui fournisse d'autre marchandise de nature à être agréée.

L'acheteur ne supporte pas les risques lorsque la vente dépend de la condition d'essai, à moins de convention contraire, expresse ou tacite. Il les supporte au contraire lorsque la marchandise lui est envoyée sur commande ; car il est alors censé s'en être rapporté au goût et à la bonne foi du vendeur. Mais il ne supporte en ce cas que les pertes partielles et non la perte totale qui reste au compte du vendeur. (art. 100, C. com.)

Il est enfin incontestable que la perte serait pour l'acheteur dans tous les cas, quand on a pu vérifier que la marchandise n'était pas de qualité loyale et marchande. En pareil cas, nous le répétons, ce n'est pas au goût de l'acheteur qu'il faut se rapporter pour décider de la validité de la vente.

— La vente peut être faite à crédit ou au comptant. Dans le premier cas le vendeur accorde à l'acheteur un délai pour le payement du prix ;

dans le second le payement doit être fait au moment de la livraison.

Réciproquement un délai peut aussi être accordé ou refusé dans le contrat par l'acheteur au vendeur relativement à la livraison de la chose vendue ; il y a alors au premier cas vente *à livrer* ou avec *terme de livraison*, au second vente *sans terme de livraison*.

Lorsqu'il y a vente avec terme de livraison voici ce qui peut arriver : Je vous vends cinq cents balles de coton, mais au lieu de vous les livrer, je vous remets en place un écrit par lequel je prie un autre commerçant de vous remettre les cinq cents balles de coton, qu'il devait me livrer à moi-même. — L'écrit que je vous remets peut avoir une autre utilité : me déclarant détenteur de la marchandise, je m'oblige par là à vous la livrer, à la première réquisition que vous me ferez. Mais il n'est pas nécessaire, pour donner lieu à une vente de cette espèce, que le vendeur possède actuellement la marchandise. Il suffit qu'il se soit engagé à la livrer. Cet écrit remplace donc entre vos mains la marchandise. De votre côté, en effet, vous pouvez de la même manière revendre cette marchandise à un second acheteur, qui, à son tour peut aussi la transmettre avant livraison, à un tiers acquéreur, qui peut lui-même la céder à un autre, et ainsi de suite (1). Cette opération est reconnue et adoptée dans le commerce parce qu'elle facilite, sans qu'il

(1) Ces sortes de ventes prennent le nom de *ventes par filière*.

y ait besoin d'aucun déplacement de marchandises, les transactions commerciales. Il est indifférent, en effet, que ce soit moi-même qui livre ou un tiers pour moi : comme aussi il importe peu que je reçoive la marchandise moi-même ou au moyen d'un tiers. Mais cet usage peut dégénérer en abus; car plusieurs ordres se succédant, on pourrait arriver à un nombre considérable d'opérations, qui finiraient souvent par des contestations sur la qualité de la marchandise : c'est cet abus qu'il faudrait éviter : mais cela n'empêcherait pas la validité des ordres. Ce papier, que l'on appelle *ordre de livraison*, contient l'ordre de livrer et passe par les mains de tous les acquéreurs. Mais il est à savoir que pour former cet ordre de livraison un pacte est nécessaire. L'acheteur, s'il n'y consentait d'avance, pourrait revenir contre le vendeur pour exiger de lui la délivrance. Ce pacte une fois formé le vendeur est en règle. Il en résulte deux mandats, l'un, sous-entendu, de se livrer, que le porteur accepte tacitement ; l'autre, exprès, de livrer, que le tiers devra accepter. L'obligation du vendeur n'est alors éteinte que lorsque le tiers délivre la marchandise. Mais il n'est pas nécessaire pour l'acheteur de constater le refus de payer par un protêt. Il n'y a pas de mode consacré pour constater ce refus.

Le but principal de la vente par filière étant d'éviter les frais de déplacement, et de faciliter les transactions commerciales, nous croyons pouvoir interpréter le caractère de cette opération, par l'intérêt même qu'elle a en vue. Nous avons vu, et il n'y a aucun doute à cet égard, que la première vente est valable, et que l'acheteur aurait pu exiger la livraison directement de son vendeur, sans accepter aucun ordre de livraison; que la livraison qui doit être faite par le tiers, n'a lieu que par la convention des parties; que c'est un simple mode d'exécution. Si donc le premier acheteur a lui-même revendu cette marchandise qui ne lui est pas encore livrée, il doit toujours exécuter la livraison, et il le fait en chargeant le livreur, de se désintéresser entre les mains du nouvel acquéreur, par une espèce d'endossement qu'il fait sur l'*ordre de livraison*. Il revend ainsi ce qu'il avait acheté. Il aurait, en effet, opéré lui-même la livraison si la première avait été exécutée.

L'acheteur en ce dernier cas, est censé ne pas connaître le premier vendeur originaire et n'avoir à faire qu'à son cocontractant, contre lequel il peut exercer tous les droits que la vente lui accorde et envers qui aussi il est tenu de toutes les obligations qui peuvent en résulter. D'où cette conséquence, que le dernier cessionnaire de l'ordre de livrer, le dernier acheteur, ne peut être poursuivi en payement que sous la condition que la marchandise lui sera livrée. Car, qu'il y ait stipulation de garantie ou de non-garantie, l'acheteur peut retenir le prix tant que la chose ne lui est pas livrée. Ajoutons encore, comme conséquence de ce principe émis, que le dernier cessionnaire n'a de recours que contre le dernier signataire de l'ordre de livrer et non contre les autres ; car il a acheté de ce dernier et il n'a pas contracté avec les autres, qui ont fait autant de ventes distinctes. Nous dirons même avec M. Alauzet : « Il y a autant de contrats distincts, que rien ne rattache l'un à l'autre ; autant de ventes qui peuvent avoir été faites à des prix, à des termes, à des conditions différentes, sous des clauses particulières ; et la vente, il ne faut pas l'oublier, est un contrat bilatéral, qui impose des obligations réciproques à chacune des parties ; chaque vendeur peut donc être fondé à ne vouloir pas livrer à son acheteur, parce que celui-ci n'aura rempli qu'imparfaitement sa promesse (1).

Le dernier acquéreur peut-il, en cas d'inexécution avoir recours contre les autres endosseurs, obligés envers lui solidairement, ou ne peut-il recourir contre eux qu'en vertu de l'article 1166?

MM. Delamarre et Lepoitvin et M. Demangeat admettent le recours solidaire dans le cas seulement où l'endossement est au porteur. « Je crois, avec MM. Delamarre et Lepoitvin, qu'il y a lieu de distinguer. En général, le sous-acheteur n'a d'action de son chef que contre son propre vendeur ; il ne peut s'en prendre au vendeur primitif, qu'en empruntant les droits de son propre vendeur. Mais il en serait autrement si l'ordre de livraison créé

(1) Alauzet, n° 1097.

par le vendeur primitif était transmissible, et avait été transmis par voie d'endossement (1).

S'il est permis de s'écarter de ces grandes autorités, nous rappellerions qu'en matière de solidarité, la solidarité est l'exception, en ce sens, qu'il faut pour l'observer qu'elle soit expressément stipulée dans le contrat. Ce serait donc une violation à l'article 1202 du Code Napoléon que de l'admettre. L'analogie que notre hypothèse peut avoir avec la lettre de change, n'est pas une raison pour la faire admettre dans notre question. Que l'on remarque, en effet, que la loi commerciale ayant admis expressément la solidarité entre les endosseurs d'une lettre de change (art. 140, C. com.), a par là même exclu tout autre cas même semblable.

Voici maintenant comment l'ordre de livraison est conçu :

Je prie Salomon de livrer à Jacques, *ou à son ordre*, la marchandise qu'il a à me livrer fin courant.

Jacques.

Et pour moi livrez à Pierre.

Paul.

C'est l'endossement. Comme la lettre de change l'ordre de livrer peut être fait au porteur (nous venons de le voir). L'assimilation avec la lettre de change est ainsi frappante ; mais cette ressemblance

(1) Demangeat, p. 424.

nous l'avons encore remarqué, n'est qu'apparente.

La remise de l'ordre de livraison n'est qu'une exécution imparfaite de la vente, et le vendeur en reste toujours garant.

Le dernier porteur peut cependant perdre son droit de recours par inexécution ou même par négligence. C'est ce qui a lieu aussi toutes les fois que sans protestation, ni réserve, il reçoit des tiers désignés pour parfaire la livraison, un nouvel ordre de livraison, sur une autre personne, en échange du titre qu'il possède. Il s'opère alors une novation, et cette novation a pour effet de libérer les premiers obligés. A moins que le porteur n'ait réservé ses droits contre les signataires, il perd le droit de recourir contre eux, car la novation ne peut pas s'opérer contrairement à sa volonté.

— Il arrive que certains usages soient assez répandus et assez connus, pour que les parties soient censées s'y être soumises tacitement. Ces usages, cependant, ne doivent pas être pris comme règle générale, et ne sont applicables qu'aux lieux où ils sont connus et adoptés. Ainsi, pour donner un exemple applicable à l'ordre de livrer, à Marseille, dans les ventes par filière, tant que le livreur n'a pas été désintéressé, le réceptionnaire peut ne pas payer son vendeur.

A l'occasion des ventes à livrer, nous pouvons nous occuper des marchandises qui doivent arriver par mer. La vente *à livrer* est en effet très-fréquente dans le commerce maritime.

Nous avons déjà eu l'occasion de voir que la vente à livrer entraîne un délai pour la livraison: demandons-nous maintenant à quel moment cette vente est parfaite, et quelles sont les conditions qui sont exigées pour sa validité.

La vente est définitive, lorsque le vendeur s'est exprimé en termes assez clairs pour que l'on puisse croire qu'il a entendu s'obliger positivement. Cette opération s'appelle dans le commerce *marché définitif*, par opposition au *marché ferme*. L'un et l'autre sont toutefois définitifs, mais leurs effets, à l'égard des obligations du vendeur, ne sont pas les mêmes.

Dans le marché définitif le vendeur répond seulement que la marchandise est ou sera chargée et laissée à bord ; qu'on ne changera pas la destination du navire, et que, sauf les cas fortuits empêchant, ce navire arrivera dans le temps fixé, où dans le temps requis pour l'accomplissement de son voyage.

Le vendeur dans le marché ferme est au contraire responsable de toutes les éventualités, même des cas fortuits, à l'exception de la perte du navire.

La perte du navire désigné résout de plein droit le contrat. Même si le vendeur se chargeait de tous les cas fortuits, celui-là en serait excepté. Pour y soumettre le vendeur une stipulation expresse serait indispensable. Mais l'insertion de cette clause dans le contrat est tout à fait inusitée dans le commerce.

Quant aux marchés définitifs, et pour revenir à leur formation, il faut que, des termes du contrat, l'acheteur puisse compter sur la livraison des marchandises; il faut en outre que le nom du navire soit désigné, et enfin qu'aucune clause ou expression puisse en altérer ou modifier le sens des stipulations. Ainsi le marché est définitif si je vous vends la cargaison de chaussures qui m'est expédiée de Marseille par le brick la Samaritaine et qui doit arriver à Alexandrie vers la fin de ce mois. Il en serait de même toutes les fois que je m'expliquerai d'une façon semblable, mais toujours claire, positive.

Si au contraire je disais, par exemple : je vous vends, toutes les chaussures qui se trouveraient chargées sur le brick la Samaritaine, je n'entendrais pas m'engager par là définitivement, mais sous condition que le brick apporte ou m'apporte des chaussures. De manière que toutes les fois que les termes que l'on a employés sont ambigus, comme lorsqu'on dit je vous vends le coton qui *peut se trouver* chargé, ou qui *serait chargé*, ou qui *pourrait être chargé*, la vente n'est pas définitive, mais conditionnelle : s'il y a du coton chargé. Ces règles sont d'une application générale. Mais, nous ajouterons avec M. Alauzet : il ne faut pas que les commerçants s'en tiennent plutôt à un verbe qu'à un autre, plutôt à un temps de verbe qu'à un autre. Leur

pensée doit être nette ; et s'ils n'ont pas de connaissement ou lettre d'avis de chargement entre leurs
mains, qu'ils emploient une formule expressive
employée au Havre « qu'ils n'entendent s'engager
que *tant et autant* que la marchandise vendue se
trouvera à bord du navire désigné ; et qu'ils ex-
priment d'une manière très-nette que le marché
est soumis à la condition du chargement dont le
vendeur ne répond pas. Faute par le vendeur de
limiter l'engagement qu'il prend, il sera présumé
avoir fait un marché définitif, toutes les fois que
le navire, étant désigné, la nature et la quantité des
marchandises sont précisées, sous une réserve
expresse exprimant un doute sur leur chargement.
A défaut de termes clairs et précis, les juges devraient surtout consulter les usages de la place, que
les contractants ont dû connaître et auxquels ils
sont censés de plein droit s'être soumis » (1).

C'est d'après ces règles, que l'on peut être autorisé à juger si le vendeur a entendu s'obliger
définitivement, ou s'il n'a entendu s'obliger que
sous condition. Une fois le contrat reconnu définitif, il reste à s'assurer si le marché n'a pas été
contracté *marché ferme*. Ce dernier fait cesser toutes
incertitudes sur les obligations du vendeur, qui
devient responsable de tous les risques sauf, comme
nous l'avons déja dit, la perte du navire. Que si
le marché n'est pas *ferme*, mais seulement définitif,
le vendeur est libéré, non-seulement de la respon-

(1) Alauzet, n° 1104.

sabilité de la perte du navire, mais aussi de la responsabilité des cas fortuits ou de force majeure qui peuvent empêcher l'exécution du contrat.

Il est d'usage dans les ventes maritimes que le vendeur s'engage à faire connaître à l'acheteur le nom du navire qui doit apporter la marchandise, et qu'il s'engage aussi à lui communiquer les connaissements aussitôt qu'il les aura reçus.

Tant que la désignation du navire n'a pas été faite et que les connaissements n'ont pas été remis, le marché n'est pas définitif. Cette clause a pour but d'empêcher une substitution frauduleuse des marchandises de la part du vendeur et de l'empêcher de charger sur le port des marchandises qu'il aurait déjà. Ainsi lorsqu'une cargaison a été faite au port de production, ou à un port intermédiaire elle est valable et l'opération irréprochable; mais si la marchandise avait été transportée antérieurement sur un navire autre que le désigné, et puis transbordée, au port d'arrivée, sur le navire désigné, l'opération n'est pas valable, car elle a été faite pour simuler l'exécution du contrat et en éviter les conséquences. Cette vente serait par conséquent nulle, parce qu'elle n'a pas été exécutée de bonne foi et d'après les conditions requises.

Mais il ne faut pas croire, qu'il est nécessaire de faire une désignation nominative du navire qui doit apporter la marchandise pour que les parties se trouvent réciproquement obligées; pour que le marché soit définitif. Exemple : je vous vends, livrables le premier du mois prochain, mille balles de coton qui doivent m'arriver d'Alexandrie à Marseille vers la fin de ce mois. Quoique je ne détermine pas par quel navire le coton m'arrivera, cette vente est toutefois définitive, et a pour effet de mettre à ma charge tous les cas fortuits qui peuvent retarder la marchandise. Cette vente ressemble à la vente sous clause *marché ferme* en ce qu'elle met l'acheteur en demeure par la seule échéance du terme.

La vente serait conditionnelle : si je disais je vous vends le coton, ou les mille balles de coton qui pourraient m'arriver, ou qui m'arriveraient au premier du mois prochain par le premier navire qui arrivera. La condition existe en ce sens que la vente est assujettie à l'arrivée du premier navire chargé de coton.

Le marché est définitif non-seulement lorsque le navire est désigné au moment du contrat, mais aussi lorsqu'il l'est postérieurement, dans un certain délai déterminé.

Il peut se faire que le vendeur, prévoyant une forte hausse du cours des marchandises vendues, s'efforce de retarder d'une manière quelconque l'envoi du chargement, ou même s'empresse de donner des avis contraires à son correspondant, afin de lui faire changer la destination du navire. Pour éviter ce retard volontaire ou forcé, l'acheteur peut stipuler le droit de proroger le marché une ou plusieurs fois, à des époques différentes ; libre à lui de ne pas en user. Il nous est facile de comprendre que cette clause étant constituée dans le seul intérêt de l'acheteur, pour éviter les fraudes du vendeur, il puisse s'en servir à volonté. Remarquons seulement que, tant que l'acheteur n'a pas opté pour la résolution du marché, le marché subsiste. En ce cas même si le navire arrivait en retard, les parties peuvent s'entre-obliger à son exécution. Cela par la seule raison que, l'acheteur ne s'étant pas décidé à résilier le contrat, est censé avoir voulu le maintenir. La vente subsiste donc jusqu'à ce que l'acheteur n'ait pas manifesté une volonté contraire, et ce, même si le premier ou le second délai convenus sont passés. Il ne reste alors au vendeur d'autres ressources, que celle de sommer l'acheteur de faire son option pour la prorogation ou pour la cessation du marché; car il est assez de son intérêt de le savoir pour prendre les mesures nécessaires.

Supposons une autre hypothèse. Le marché est définitif; le navire est désigné et la marchandise déjà en cours de voyage. Survient une tempête, et le navire fait naufrage ; mais la marchandise est sauvée soit par des alléges, soit par un autre navire, et parvient en lieu de sûreté, et même au lieu convenu saine et sauve ; et demandons-nous, après cela, si, danscette hypothèse, l'acheteur, doit accepter la marchandise ainsi arrivée, s'il peut être forcé à la recevoir par le vendeur. Le vendeur en effet, pourrait soutenir qu'il

avait contracté sous la condition que ce serait sur
le navire naufragé que la marchandise serait
menée à bon port, et non sur un autre navire ;
qu'il avait contracté que la marchandise serait arrivée sur le navire perdu et à son *heureuse arrivée*.

MM. Delamarre et Lepoitvin font ce même raisonnement et prétendent en conséquence que la
condition doit être interprétée rigoureusement, et
que la convention fait la loi des parties. Ils soutiennent donc qu'une fois le navire perdu, chacune des
parties peut se départir du contrat ; *ou plus exactement aucune obligation n'a existé* (1).

Ce n'est pas notre avis, car dans les conventions
il faut surtout rechercher quelle est la commune
intention des parties contractantes plutôt que de
s'arrêter au sens littéral des termes qu'ils ont employés (art. 1156, C. Nap.). Il n'y a donc aucun
motif pour ne pas appliquer cette règle aux obligations conditionnelles aussi bien qu'aux autres. Du
reste, cette règle doit recevoir encore plus d'application en matière commerciale où tout se passe au
sérieux, et où les parties ne se plaisent pas à poser
des conditions sans utilité et de pur caprice : cela
à moins d'une stipulation très-claire et très-expresse. M. Alauzet, à qui j'emprunte ce système,
ajoute encore : « Au moins faudrait-il, dire avec
la Cour de Rouen, que cette condition n'est pas
substantielle : « En indiquant dans le marché, dit
un arrêt, le navire qui doit apporter la marchan-

<hr>

(1) MM. Delamarre et Lepoitvin, t. 5, n° 113.

dise, cette désignation a pour but, d'une part, de fixer, approximativement et d'après les chances possibles de la navigation, l'époque de la livraison, et pour qu'il ne puisse dépendre de la volonté ni de l'une ni de l'autre des parties d'en hâter ni retarder l'exécution ; et d'autre part, afin qu'il ne soit pas possible d'offrir en livraison une autre marchandise que celle que l'acheteur a entendu acquérir (1). »

C'est bien ce qui arrive au vendeur ; il n'a pas changé la marchandise ; il la livre au contraire saine et sauve, après l'avoir retirée du naufrage. On ne peut donc pas imputer à faute le devoir qui était imposé au vendeur de sauver et, s'il l'a pu, de faire parvenir la marchandise, sans qu'il lui soit arrivé aucune avarie, à destination et dans le délai voulu ; de manière que le vendeur pourrait être contraint à livrer et l'acheteur à accepter la marchandise. Rien, du reste, ne serait plus équitable dans les usages et dans l'intérêt du commerce.

Dans le cas où le navire a été reconnu innavigable avant son départ du port de chargement et qu'il ait été substitué par un autre pour faire parvenir la marchandise, la vente sans aucun doute subsistera tant qu'il n'y aura aucune contestation soulevée relativement à l'identité des marchandises ; c'est ce qui aura lieu surtout lorsque les marchandises vendues seront spécifiées par des numéros ou des marques. Mais ce qui pourrait faire la difficulté

(1) M. Alauzet, n° 1102.

des solutions et qui est la cause de tant de décisions apparemment contradictoires, est, comme l'observe encore M. Alauzet, la difficulté de connaître, de constater la marchandise, lorsqu'elle n'est accompagnée d'aucune désignation, d'aucune indication ou marque (1).

MM. Delamarre et Lepoitvin ont traité la vente maritime à l'occasion des ventes conditionnelles; c'est à raison de cela qu'ils ont cru reconnaître ici, comme dans d'autres hypothèses, une condition, et ils ont, en conséquence, posé comme principe absolu que l'arrivée du navire était une condition *sine qua non* de la validité de l'opération.

« A moins d'une stipulation très-expresse et dont la pratique commerciale ne nous fournira sans doute pas un seul exemple, la désignation du navire ne peut être prise comme étant une condition à laquelle était soumise l'obligation respective des parties, et leur permettant de discéder du contrat. » Du reste, puisque la désignation du navire ne fait qu'assurer l'identité de la marchandise lorsque surtout l'identité de la marchandise n'est pas contestée, en quoi l'acheteur peut-il être intéressé à ce qu'elle arrive plutôt sur un navire que sur un autre? Nous ne concevons pas alors qu'on s'efforce de trouver une condition là où il ne peut pas en exister une, d'après l'usage et le bon sens.

(1) J. de M., 55, 1, 157; — 17, 1, 312 et 313; 10, 1, 312; 25, 2, 115; 29, 2, 131; 55, 9, 126.

MM. Delamarre et Lepoitvin posent cette question ainsi : Ils supposent dans un cas, que le navire a fait naufrage et que la marchandise a été sauvée : l'acheteur doit-il l'accepter? Non. — Le sinistre, disent-ils, a mis le contrat à néant; car ce n'est pas par le même navire que la marchandise est arrivée, ce n'est pas *à son heureuse arrivée*.

Ils supposent, en outre, que le navire déclaré innavigable a été substitué par un autre, et ils déclarent que l'acheteur pourra encore en refuser l'acceptation, toujours parce que l'*heureuse arrivée* du navire n'ayant pas eu lieu, le contrat n'a pas d'exécution, car c'est une condition *sine qua non* dans ces sortes de contrats.

Il s'agit avant tout d'interpréter cette expression, *heureuse arrivée*, sur laquelle on revient tant de fois, et de lui donner sa véritable signification.

Certes si l'on accepte la solution que nous avons donnée précédemment aux mêmes hypothèses, cette expression tombe d'elle-même; elle disparaît.

Mais M. Alauzet, dont nous avons toujours partagé l'opinion relativement à cette question, après avoir cité un arrêt de la Cour de Rouen, dans lequel l'expression *heureuse arrivée* n'est pas considérée comme condition suspensive, mais comme une locution ancienne et banale exprimant une espérance, un désir et une pieuse pensée, dit lui-même, que cette expression signifie, non pas précisément une idée pieuse, mais un fait humain complétement distinct de tout sentiment de piété. Cette expression fait supposer que la marchandise est parvenue *saine et sauve* et dans les *temps ordinaires* d'une traversée. Ainsi M. Alauzet n'attache pas cette expression d'*heureuse arrivée*, au navire et à sa désignation, mais il l'attache à l'arrivée de la marchandise d'après les chances possibles de la navigation et à son état au moment de son arrivée : que par conséquent la marchandise qui aurait été ballottée plusieurs mois en mer ne pourrait pas être valablement offerte, comme accomplissant les conditions nécessaires exigées du marché, duquel il résultait que la marchandise ne serait acceptée qu'à sa bonne arrivée. Mais si la marchandise paraissant saine et sauve, était arrivée dans les délais ordinaires de navigation, l'acheteur serait obligé de l'accepter.

Les avaries en ce cas seraient à sa charge. Nous ne cesserons du reste pas de répéter que ce n'est pas à la condition que le navire arrive que l'acheteur a contracté, mais que c'est à condition que la marchandise parvienne à bonne et heureuse destination. Qu'arriverait-il, en effet, d'après l'opinion de MM. Delamarre et Lepoitvin? C'est qu'en attachant à l'arrivée du navire la condition du contrat, l'acheteur serait toujours obligé de s'exécuter si, en pleine détresse, le navire en danger avait été secouru par un autre, qui aurait porté la cargaison à destination. Le navire ainsi allégé arrivant au même temps au port de destination, la condition serait accomplie.

Une fois établi que la désignation du navire a pour but d'empêcher la fraude de la part du vendeur, et d'assurer une loyale exécution, voyons quelle ressource aurait le vendeur dans le cas où, au moment du contrat, il ne connaîtrait pas le navire qui serait destiné à faire la cargaison. Il peut, en effet, à l'époque du contrat, ignorer si l'ordre d'expédier est exécuté, et sur quel navire aura lieu le chargement. — Le vendeur peut alors se réserver le droit de le désigner ultérieurement. Il peut même stipuler un ou plusieurs délais, déterminés ou non, pour faire la désignation du navire.

On se demande alors si la vente à livrer de marchandises chargées sur un navire à désigner est une condition.

MM. Delamarre et Lepoitvin (1) d'un côté, M. Bédarride (2), de l'autre, l'admettent. Ils enseignent, d'après leur opinion, que le vendeur peut impunément laisser passer les délais sans faire la désignation du navire; que seulement s'il s'est écoulé assez de temps pour que la traversée pût être faite, point sur lequel les juges peuvent décider d'après les événements, l'acheteur est en droit de discéder du contrat sans être tenu à nuls dommages et intérêts.

(1) MM. Delamarre et Lepoitvin, t. 4, n° 51.
(2) M. Bédarride, *Traité de la vente*, n° 215.

Nous ne pouvons pas suivre cette théorie, parce qu'elle accorderait au vendeur une condition potestative qui n'est pas permise par la loi. Il est du reste très-peu probable que l'acheteur accepte une pareille condition. Que s'il l'acceptait, il serait très-facile de la reconnaître et de l'interpréter ainsi par les termes mêmes du contrat où le vendeur, le plus souvent, ne peut s'engager au delà de cette condition (1).

M. Bédarride appuie son système en reproduisant une espèce qui a été jugée dans son sens par la Cour d'Aix. 12,000 kilogrammes girofles venant de Bourbon ont été vendus livrables fin juin. A défaut d'arrivée à cette époque, l'acheteur s'était réservé le droit de proroger une ou plusieurs fois le marché ou de le résilier. De son côté, le vendeur s'était obligé de désigner le navire porteur de la marchandise, *dès qu'il en aurait connaissance.* Le marché ayant été prorogé deux fois sans que le vendeur eût fait de désignation, le débat a été porté devant le tribunal de Marseille qui s'est prononcé pour l'acheteur contrairement aux termes apparents du traité. Le tribunal distinguait à raison l'époque désignée pour l'arrivée de la marchandise dont le vendeur n'avait pas voulu répondre, et *l'obligation de désigner le navire* sur lequel le chargement devait s'exécuter. C'est à cause de cette dernière obligation que le tribunal a jugé qu'on ne pouvait pas admettre, d'après l'intention commune des par-

(1) J. D. P., 1, 1838, 329; 2, 1842, 195.

les, que le vendeur aurait la faculté d'ajourner indéfiniment cette désignation.

Cette espèce, d'après nous, ne peut donner lieu à aucune contestation, quand on examine surtout les clauses du contrat. Nous ne citerons, par conséquent, qu'un seul passage de ce jugement parce qu'il nous semble décisif. « Qu'une pareille interprétation (celle de laisser au vendeur la faculté d'ajourner indéfiniment la désignation du navire, sur la simple déclaration qu'il n'en a pas eu connaissance) rendrait sans efficacité la faculté de proroger l'époque de la livraison accordée à l'acheteur, puisque ces prorogations n'auraient aucun terme certain et déterminé, puisqu'il dépendrait du vendeur d'ajourner indéfiniment son exécution. »

Ce seul motif suffit pour prouver que, c'est à tort que la Cour d'Aix a réformé ce jugement. C'est donc à tort aussi que M. Bédarride cite un exemple où le marché est évidemment définitif, en nous le représentant comme conditionnel. Une autre espèce aurait peut-être mieux servi à sa cause.

Deux opinions par conséquent bien tranchées existent sur ce point auxquelles nous ne pouvons pas nous ranger, sans y apporter un tempérament.

Cette clause forme une condition; voilà un système; elle n'est qu'une simple obligation à la charge du vendeur; voilà l'autre. Mais nous savons que des marchés définitifs peuvent avoir lieu sans désignation de navire; en ce cas, l'acheteur ne

peut-il pas exiger, pour plus de sûreté, que la désignation du navire soit faite, et le vendeur prendre
pour cela un ou plusieurs délais? En outre, le vendeur ne peut-il pas entendre s'obliger que lorsqu'il aurait connaissance du navire?

L'espèce de M. Bédarride rentre dans la première
hypothèse que nous proposons, d'après laquelle
c'est à raison que M. Alauzet s'exprime ainsi :
« Admettre une semblable règle, ce serait établir en faveur du vendeur une condition potestative qu'on ne doit pas supposer avoir été
dans la commune intention des parties. La seule
faculté laissée au vendeur par le contrat est de ne
pas désigner le navire; s'il ne le désigne pas dans
le délai convenu ou dans un temps jugé plus que
suffisant pour faire la traversée, la vente prend le
caractère de *marché ferme* et donne à l'acheteur
le droit d'en demander l'exécution ou la résolution
avec dommages-intérêts conformément aux règles
que nous exposerons en traitant de la délivrance.
S'il en était autrement, le vendeur à livrer serait
seul maître de l'exécution du marché; l'acheteur
serait à sa discrétion; le commerce maritime ré-
pudierait bientôt les marchés à livrer, puisqu'ils
n'auraient plus le caractère loyal et sérieux qui en
constitue l'élément essentiel (1). »

Il faut donc admettre aussi que le vendeur peut
entendre ne s'obliger que dès qu'il pourrait désigner le navire. Ce qui peut avoir lieu lorsqu'il a des

(1) M. Alauzet, n° 1107.

doutes soit sur la cargaison, soit sur les intentions précises de son correspondant. Alors seulement la désignation du navire formerait une condition, lorsque surtout elle est clairement exprimée, ou qu'elle peut résulter facilement de l'ensemble du contrat et par induction. Le vendeur n'entend alors s'obliger qu'au moment où lui-même serait certain de la cargaison ; car ce n'est qu'à ce moment qu'il pourrait faire la désignation du navire. Il serait par conséquent préférable que les parties s'exprimassent d'une manière expresse; car dans le cas d'une interprétation difficile, on doit suivre le *quod plerumque fit;* et certes, en général, les parties ne contractent qu'en vue d'une exécution certaine.

Il suffit pour remplir l'engagement que le navire puisse accomplir le chargement et le voyage dans le temps fixé, et il n'est pas nécessaire qu'au moment du contrat il soit dans le port où se trouvent les marchandises (1). Que le navire soit sur lest ou en voyage, pourvu qu'il puisse faire le chargement à temps, cela suffit pour protéger le vendeur.

Quant au voyage entre le lieu de chargement et le port d'arrivée, nous savons que les risques sont à la charge de l'acheteur. Peut-il en être de même pour le voyage au port de chargement? En d'autres termes, l'acheteur court-il les risques du voyage d'aller? Nous ne le croyons pas. C'est donc au vendeur à stipuler clairement dans le contrat qu'il

(1) J. de Marseille, t. XVI, 1, 239. — (15 mai 1856.)

entend se décharger de toute garantie relative aux chances de voyage du navire dans son allée au port de chargement. Nous n'entendons donc pas dire que cette clause doive essentiellement être exprimée dans le contrat; il suffit qu'elle puisse en résulter d'une manière facile et incontestable.

Une fois les risques du voyage fixés à la charge de l'acheteur, il est bon de dire que sa responsabilité ne va pas jusqu'à comprendre les événements qui pourraient arriver en cas de changement de route. C'est le vendeur seul qui serait responsable de ces derniers. En effet, si le navire a dérouté et que les risques se soient par là aggravés, comme ce n'est pas l'acheteur qui a causé ce changement, il n'en doit pas supporter les conséquences (1). Ce cas, en effet, ne ressemble nullement à celui où l'on désigne un navire qui se trouve encore dans un port, d'où il doit partir pour le lieu de chargement; dans ce dernier cas, il y a convention tacite que les risques resteront à la charge de l'acheteur, lorsqu'il n'a pas exprimé une intention contraire.

Il peut se faire que la désignation soit, comme nous l'avons vu, postérieure au contrat. Quand cette désignation est ajoutée purement et simplement, rien n'est changé au contrat. Cette désignation implique la clause que le navire suivra les chances ordinaires du voyage, et sera de retour au port de livraison dans le délai convenu pour l'exécution du marché, ou la désignation ne serait ni sérieuse

(1) J. de M., t. XXXVIII, 1, 174.

ni loyale, et la condition à laquelle le contrat est subordonné, deviendrait purement potestative.

Si le vendeur ne prouve pas, en cas de non-arrivée du navire indiqué, qu'il aurait réellement reçu à bord les choses vendues, et que le retard du navire ne provient que de force majeure, il sera en faute, et par conséquent responsable.

Lorsque le vendeur s'oblige à faire la désignation du navire dans un délai convenu, son obligation est absolue et de toute rigueur, et l'inexécution du contrat changerait le marché en *marché ferme*. L'acheteur aurait alors le droit de résilier purement et simplement le marché en cas de baisse ; et en cas de hausse, il pourrait exiger la livraison immédiate ou les dommages et intérêts. Il suit de tout ce que nous avons dit que même si le navire ne se trouvait pas dans le port de chargement au moment du contrat, pourvu que le chargement s'opère à temps pour que le navire puisse accomplir le voyage, le vendeur a rempli son obligation (1). L'acheteur n'aura donc pas le droit de se plaindre lorsque l'indication du navire étant donnée, le chargement a été fait assez à temps pour que le voyage s'accomplisse avant l'expiration du délai fixé pour la livraison. Cela suffît pour protéger le vendeur. L'effet de la désignation est d'individualiser l'objet vendu. Mais le marché n'est définitivement acquis pour ou contre personne que lorsque le navire arrive au jour fixée. A défaut, le mar-

(1) J. de M., t. XVI, 1, 259.

ché se trouverait résilié sans indemnité de part ni d'autre.

La vente à l'heureuse arrivée peut aussi être faite à charge pour le vendeur de garantir l'arrivée du navire. Dans ce cas l'acheteur, à défaut d'arrivée du navire, a le droit d'opter soit pour l'accomplissement du contrat, soit pour sa résiliation avec dommages et intérêts, qui seront évalués d'après le prix du marché et le cours du jour de l'exécution. Cependant voici un tempérament rationnel et équitable du tribunal de commerce de Marseille. « Dans le cas d'une vente à livrer par navire à désigner, s'il a été fait en temps utile une désignation régulière et sérieuse, mais que par suite de circonstances indépendantes de la volonté du vendeur, le navire n'arrive pas dans le délai fixé, les dommages-intérêts à alléguer, comme conséquence de la résiliation demandée par l'acheteur, doivent être calculés d'après le cours du jour où l'arrivée aurait dû se réaliser, et non d'après le jour de la désignation (1) ».

Voici encore une hypothèse où il y a faute de la part du vendeur. Nous supposons que le navire que le vendeur a désigné comme devant charger la marchandise n'est pas en état d'accomplir son voyage. L'acheteur peut alors résilier le contrat avec dommages-intérêts. Si, dans l'espèce, l'acheteur avait le droit de proroger le marché, et ignorant la faute commise par le vendeur avait ac-

(1) J. de M., t. XXXVIII, 1, 16.

cordé un délai, postérieurement s'il venait à s'en apercevoir, comment seront évalués les dommages-intérêts? Ils doivent être calculés d'après la différence entre le prix convenu et le cours le plus élevé depuis le jour auquel le traité fixait la livraison. C'est dans ce sens qu'il a été jugé au tribunal de commerce de Marseille (1). En effet si contrairement à la promesse du vendeur, le navire a été empêché, c'est une faute de sa part si ce n'est pas une fraude. Cette faute doit être réparée, et l'on ne pourrait valablement le faire qu'en remettant les choses en l'état où elles auraient dû être. Or, comme le bénéfice de l'acheteur eût été la différence entre le prix du traité et le prix le plus élevé depuis le jour du contrat, aussi c'est cette différence qu'on lui accorde comme dommages-intérêts.

La conversion du traité en marché ferme ou sa résiliation à défaut de désignation du navire est une *sanction tacite* de l'obligation du vendeur. Mais supposons maintenant que les parties soient convenues *expressément* qu'à défaut de désignation du navire le marché changerait en marché ferme; cette clause peut-elle être invoquée aussi bien par l'acheteur que par le vendeur? M. Bédarride et après lui M. Alauzet sont d'avis que cette clause ne peut venir qu'au secours de l'acheteur seulement qui peut du reste s'en départir; cette même clause vis-à-vis du vendeur ayant un caractère pénal, il

(1) J. de M., t. XXXIII, 1, 209; XXXVII, 1, 23; XXXVIII, 1, 326.

ne peut s'en prévaloir; car on ne peut pas admettre qu'une pénalité puisse être invoquée par celui contre qui elle a été stipulée. Il faut donc à cet égard s'en tenir à l'intention des parties (1).

—En général la marchandise qui sort des magasins du vendeur voyage aux risques de l'acheteur. Mais il y a des clauses dans le commerce qui peuvent survenir et modifier dans une mesure assez remarquable le contrat de vente : nous voulons parler des clauses *livrable sous vergues* et *livrable au débarquement sur le quai*. Ces clauses sont très-fréquentes dans les ventes de grains en général et des choses fongibles.

La première, ou la clause *livrable sous vergues*, a pour objet de faire, après que la vente est accomplie, que la tradition s'opère au lieu de la provenance. Il faut en outre que la marchandise soit reçue à bord du navire qui est destiné à en accomplir le transport après comptage ou mesurage. Jusque-là, la délivrance étant inaccomplie la chose reste à la charge du vendeur.

Dès que la marchandise a été reçue à bord du navire il ne peut plus y avoir de difficulté sur son mesurage ou comptage. Il suffit pour qu'il y ait lieu à livraison qu'elle ait été acceptée par le capitaine. Les avaries qui pourraient survenir entre le chargement et la rédaction du connaissement sont à la charge de l'acheteur qui ne peut pas soutenir qu'il n'y a eu de livraison sans que le connais-

(1) M. Bédarride, n° 232. — M. Alauzet, n° 1115.

sement ait été dressé. La réception de la marchandise par le capitaine doit suffire pour mettre
à la charge de l'acheteur les avaries qui pourraient survenir. Cette réception tout comme le
mesurage peuvent en effet être prouvés de toutes
les manières que les juges pourront croire oppor-
tunes, lorsqu'il n'a pas été dressé de connaissement.

L'acheteur a plus d'intérêt à stipuler la clause
livrable au débarquement sur le quai, parce qu'elle
met tous les risques à la charge du vendeur. Cette
expression indique en effet que la marchandise
doit être livrable sur le port de destination, où
l'acheteur est appelé à la vérifier. C'est lui qui doit
en prendre livraison et doit forcément être appelé
au débarquement. Si le débarquement n'est pas
fait en sa présence, il peut refuser d'accepter la
marchandise. Au cas de demeure de sa part, la marchandise ne peut être débarquée qu'après autorisation du juge et pour être mise provisoirement
en entrepôt.

— Arrêtons-nous un instant encore pour parler
succinctement de la vente qui se fait fréquemment de marchandises à l'entrepôt. Sans insister
sur l'utilité reconnue de l'entrepôt, nous dirons
que l'entrepôt offre cet avantage au commerçant,
qu'il sert d'asile à la marchandise qui vient de lui
arriver et qu'il ne sait pas encore s'il vaut mieux
la livrer à la consommation intérieure ou la réexporter. Pour cela le commerçant est forcé de rem-

plir des formalités nécessaires relativement à la déclaration de l'espèce, de la qualité et provenance de la marchandise, et à l'indication du navire qui en a fait le transport. Il doit en outre indiquer le poids ou la mesure, ou même, pour les objets qui ne payent que d'après la valeur, leur estimation. En cet état la marchandise est censée être encore au lieu d'où elle a été importée, et pour cela libre d'aucun droit d'entrée. Ceci fait, le commerçant a trois partis à prendre : réexporter en payant un tribut minime ; mettre à la consommation en acquittant les droits ; ou enfin envoyer la marchandise dans un autre lieu jouissant aussi d'un entrepôt.

Outre cette triple option, le commerçant peut vendre sa spéculation telle qu'elle se trouve : il peut vendre sa triple option. Mais comment la livraison peut-elle avoir lieu ?

Commençons d'abord par admettre que dans toute vente de marchandises qui sont en entrepôt, les droits font partie de la valeur des biens, et par conséquent de leur prix. Tel est l'usage, et telles les choses doivent se passer, à moins de convention expresse. C'est, du reste, l'opinion de M. Demangeat qui, à l'occasion de l'article 1893 du Code Napoléon, ainsi conçu : « Les frais de la délivrance sont à la charge du vendeur et ceux de l'enlèvement à la charge de l'acheteur, s'il n'y a eu stipulation contraire, » nous dit : « L'acheteur doit notamment supporter les droits de douane ou d'octroi auxquels peut donner lieu l'envoi qui lui est fait de la marchandise (1). »

Le vendeur peut traiter avec l'acheteur de trois manières différentes : Il peut vendre, soit à la consommation, soit en entrepôt, soit à la consommation, mais avec l'option de recevoir à l'entrepôt pendant un temps déterminé.

Dans le cas de vente à la consommation, le vendeur fait à la douane la déclaration qu'il met à la consommation sa marchandise ; il paye ensuite les droits pour avoir la faculté de la déplacer, et la livre ainsi, libre de toutes charges, à l'acheteur qui peut la faire circuler.

Si la vente a été faite en entrepôt, la délivrance immédiate est inexécutable. La vente a seulement pour but de mettre l'acheteur au lieu et place du vendeur vis-à-vis de l'entrepôt : ce qui ne peut s'exécuter qu'avec le consentement de l'administration, laquelle peut n'exiger comme redevable que l'entrepositaire. Il faut donc que l'administration donne son consentement, ce qu'elle a toujours l'habitude de faire, à moins que des motifs très-graves ne viennent l'en empêcher. Une fois les formalités nécessaires accomplies, le *transfert en douane* s'opère, et la propriété est ainsi changée. Jusque-là les risques restent toujours à la charge du vendeur, car la vente a été faite sous la condition que l'administration accepte l'opération.

Ordinairement la vente se fait *livrable à la con-*

(1) M. Demangeat, p. 414.

sommation, mais avec option pour l'acheteur de recevoir à l'entrepôt pendant un temps déterminé.
C'est une alternative qui porte, non pas sur la
vente, mais sur le mode d'exécution. D'après ce
que l'acheteur décidera, il y aura alors à appliquer
les règles que nous avons indiquées pour la vente
à la consommation, s'il opte pour la consommation;
ou les règles pour la vente en entrepôt dans le cas
contraire. Jusque-là encore la vente étant imparfaite, les risques sont pour le vendeur. L'acheteur
est tenu, de son côté, de notifier au vendeur, dans
le délai fixé, son choix afin qu'il puisse mettre
aux droits, ou de faire un transfert.

L'expression *mettre aux droits* équivaut à cette
autre déclarer pour la consommation. Faire à la
douane une déclaration pour la consommation,
c'est mettre aux droits.

Dans la vente à l'entrepôt après le transfert,
c'est l'acheteur qui se trouve redevable envers
l'administration. Le vendeur peut, si l'acheteur
ne lui notifie pas son option au délai fixé, le
mettre en demeure et lui faire perdre ainsi son
droit d'opter.

—Avant de passer à un autre ordre d'idées, émet-
tons quelques règles qui serviront de transitions
aux obligations dérivant du jeu ou du pari. Ainsi,
il y a cette différence entre une vente aléatoire
et une vente conditionnelle, que la première est
pure et simple et n'a d'incertain que le profit qui
peut résulter pour l'une ou pour l'autre des parties

contractantes ; tandis que dans la vente conditionnelle ce qu'il y a d'incertain n'est pas le profit,
mais le contrat de vente lui-même. Aussi la vente
est aléatoire lorsqu'on vend les produits futurs,
comme serait la vente de la récolte de tel terrain.
Est aussi vente aléatoire une entreprise de fourni-
tures, mais dans certains cas. Dans l'un et l'autre
cas l'acheteur est tenu du prix, même s'il n'a rien
récolté, ou si l'entreprise n'avait abouti à rien. Il
n'en serait pas de même si l'on avait vendu une
simple récolte future ou une entreprise ordinaire ;
car le vendeur pourrait ne rien offrir ou presque
rien lorsque la vente a été nulle ou très-minime,
et l'acheteur n'est pas tenu de payer le prix, parce
que son obligation se trouve par là résolue.

La vente d'une chose future diffère de son côté
de la vente à forfait. La première, en effet, n'est
sujette qu'à la condition de l'existence future de
la chose vendue ; la seconde est, au contraire, pure
et simple.

Distinguer une vente de l'autre, et apprécier,
dans la vente des choses futures, s'il reste assez de
matière pour qu'on ne puisse rendre la vente
nulle, faute d'objet, est une question de fait, qui
est remise à l'appréciation des tribunaux. Mais
voici ce que nous dit le *principium* de l'article 1601
du Code Napoléon : « Si au moment de la vente la
chose vendue était périe en totalité, la vente serait
nulle. » Si ces mots du texte sont en harmonie
avec la décision que nous avons donnée à la vente

de choses futures ; ils semblent être en opposition
avec celle que nous avons donné des ventes aléatoires. C'est que dans ces dernières les risques que
pourraient éprouver les objets vendues, sont entrés
pour beaucoup dans la considération des parties.
L'acheteur prend donc sur lui les risques que la
chose peut éprouver ; et tant que des événements
indépendants de la volonté du vendeur viendront
diminuer la valeur de la chose, c'est lui seul qui
les supportera.

Les ventes d'espérance sont réputées faites à forfait. Mais il faut pour qu'elles soient valables que le
vendeur soit de bonne foi ; en d'autres termes, il
ne faut pas que le vendeur soit dans la certitude
que l'espérance que l'acheteur a en vue d'acheter,
que la chance qu'il attend n'existe plus. C'est en
effet en vue de cette espérance que les conditions
de la vente ont eu lieu ; et, pas d'espérance, pas de
vente, faute d'objet. Cela se présente dans les
ventes de billets de loterie ou autres. La vente en
serait valable, même si le tirage avait été fait,
pourvu cependant que les parties aient été de
bonne foi et qu'elles aient traité à forfait. La
vente devrait être nulle si l'on avait vendu le billet
purement et simplement après que le tirage aurait
été fait. — Il en serait de même pour les ventes
des obligations pour lesquelles on a créé des primes.
Il faut, pour pouvoir en demander la nullité, que le
vendeur ait eu connaissance que l'obligation vendue
n'aurait aucune prime. Si de son côté l'acheteur

savait que la prime avait été déjà attribuée, il ne serait pas recevable à demander la nullité de la vente. — La mauvaise foi empêche donc les ventes aléatoires d'être valables.

Dans la vente d'un navire en cours de voyage la convention est pure et simple, à moins qu'il ne résulte des clauses du contrat ou de ses termes, que la vente a été aléatoire. La raison en est bien simple : les chances de voyage sont en général pour l'heureuse arrivée du navire et rarement pour sa perte. Si donc il n'y a aucune clause ni expresse ni tacite, l'acheteur est censé n'avoir contracté qu'en vue de l'heureuse arrivée du navire.

« Le contrat aléatoire est une convention réciproque dont les effets, quant aux avantages et aux pertes, soit pour toutes les parties, soit pour l'une ou plusieurs d'entre elles, dépendent d'un événement incertain. (Art. 1864, C. Nap.)

« La loi n'accorde aucune action pour une dette de jeu ou pour le payement d'un pari. (Art. 1965, C. Nap.)

« Dans aucun cas, le perdant ne peut répéter ce qu'il a volontairement payé, à moins qu'il n'y ait eu de la part du gagnant dol, supercherie ou escroquerie. (Art. 1967, C. Nap.)

Si donc l'article 1964 permet les contrats aléatoires, tels que nous les avons étudiés, l'article 1965 y apporte une exception pour le jeu et le pari. De manière que toutes les ventes qui ont l'apparence aléatoire, mais qui n'ont au fond que le caractère de jeu ou de pari, sont prohibées.

Il s'agit avant tout de bien apprécier ces mots jeu et pari et ce qu'ils veulent dire. En effet, il y a des contrats qui n'ont pour objet que des marchés fictifs, d'autres qui ont pour objet des opérations sérieuses. Ce sont les premiers que la loi cherche à empêcher, en les prohibant sous les noms de jeu et de pari. Elle les annule. Tout marché est reconnu fictif lorsque, fait en vue de marchandises ou d'effets publics, il n'oblige pas le vendeur à une livraison réelle, mais à payer la différence qui existe entre le cours au moment où le contrat s'est passé, et le cours au moment de l'exécution. Il s'agit donc d'apprécier l'opération et de définir si elle est sérieuse ou fictive; voilà où consiste la difficulté. Les circonstances seules pourront toujours servir de guide aux juges; car on ne peut pas soutenir d'avance, que la vente est nulle, parce qu'on ne peut pas vendre ce qu'on n'a pas. Ce n'est pas cette règle qui pourrait nous servir de guide; car nous avons vu que les ventes à livrer sont permises en droit commercial, et nous avons aussi reconnu, à l'occasion de l'article 1500, que dans le commerce on peut vendre ce qu'on n'a pas encore.

Ainsi il n'est pas accordé d'action à l'acheteur pour l'exécution du jeu ou du pari; mais si le perdant s'exécute de son bon gré, il n'a pas d'action en répétition.

Le débiteur qui aurait payé pourrait répéter exceptionnellement la somme déboursée, lorsqu'il réussit à prouver qu'il y a eu de la part du gagnant dol, supercherie ou escroquerie. Il faut en un mot que le payement soit volontaire. — Dans le cas où un billet aurait été souscrit pour une dette de jeu ou de pari, les tiers possesseurs du billet ne pourraient en réclamer le payement qu'au cas seulement où ils ne connaîtraient pas la cause de la dette.

Nous pouvons maintenant rattacher à ce que nous avons dit dans ce chapitre les questions qui concernent la promesse de vente et les arrhes, qui ne sont au fond que des modifications de la vente ou son complément.

« La promesse de vente, d'après l'article 1599 du Code Napoléon, vaut vente, lorsqu'il y a consentement réciproque des deux parties sur la chose et sur le prix. »

Cet article déclare que la promesse de vente *vaut vente* quand il y a consentement réciproque ; c'est-à-dire contrat synallagmatique, par le lequel les deux parties s'obligent, l'une à vendre, l'autre à acheter.

Des auteurs en ont conclu que lorsque, au lieu de deux obligations réciproques, il y a seulement obligation de vendre, la promesse de vente, non-seulement ne vaut pas vente, mais qu'elle ne vaut rien et se trouve absolument nulle, à cause du défaut de concours de la volonté des parties.

Ce n'est pas notre avis. Loin de là, nous soutenons

que si la promesse de vente vaut vente, en cas de consentement réciproque, quand au lieu de deux obligations il y a seulement obligation unilatérale de vente, si elle ne vaut pas vente, elle constitue cependant un contrat unilatéral dont l'effet est d'obliger la partie promettante. En effet, lorsque je déclare m'obliger à vous vendre, ou vous à m'acheter un objet quelconque, et que vous acceptez ma promesse ou que j'accepte la vôtre, il est certain que nos volontés ont concouru et ont formé par ce concours le contrat. Toute convention, du reste, légalement formée tient lieu de loi à ceux qui l'ont faite, et il n'y a rien qui s'oppose à ce que le contrat, par lequel je m'oblige, soit à vous acheter votre chose, soit à vous vendre la mienne, si vous vous décidez soit à acheter, soit à vendre soit valable. Mais il ne faut pas pour cela confondre la simple pollicitation ou offre avec les simples pourparlers qui ne lient pas les contractants. Mais du moment qu'il est reconnu que je me suis obligé, qu'il n'y a pas eu qu'un simple pourparler, il n'y a pas de raison pour qu'on puisse déclarer non avenue l'obligation que j'ai entendu contracter.

Ainsi relativement à notre article on peut distinguer trois espèces de promesses de vente :

1° La promesse réciproque par laquelle les deux parties s'engagent, l'une, à acheter et l'autre à vendre. Cette promesse, qui est la seule prévue par l'article 1589, forme un contrat synallagmatique; 2° la simple promesse de vendre, non accompagnée de la promesse réciproque d'acheter, acceptée cependant par l'autre partie sans qu'elle entende s'obliger elle-même, ce qui forme le contrat unilatéral ; 3° enfin l'offre seule de la part de l'une des parties, qui n'a pas entendu par cela s'obliger. L'offre non suivie de promesse réciproque d'acheter, n'engendre pas de contrat, d'obligation, à cause du défaut de concours des volontés. C'est une simple promesse non obligatoire, ce que l'on appelle en droit une pollicitation.

L'article 1589 ne s'occupant que des promesses réciproques de vendre et d'acheter, nous renvoie pour les autres cas aux principes du droit commun ; c'est donc pour cela qu'il faut admettre la validité de l'engagement signalé par notre 2°.

Quant à la promesse unilatérale, dûment acceptée, devient-elle valable, alors même qu'elle ne contiendrait pas, soit la détermination actuelle du prix, soit, du moins, un moyen pour y parvenir?

Deux partis extrêmes se forment sur cette question : l'un annulant toujours cette promesse, sans se préoccuper si les parties, qui n'ont rien précisé, n'auraient au moins entendu adopter le *prix courant*, ou le prix auquel la chose pourrait être estimée ; l'autre la rendant toujours valable et sans faire aucune distinction à cet égard.

Un parti moyen, et qui nous semble plus équitable, est celui d'annuler l'obligation là où les parties ne se sont nullement entendues à cet égard et n'ont rien dit, et de tenir la promesse pour valable toutes les fois que les parties auront manifestement exprimé la pensée de se soumettre, à cet égard, à l'estimation des tierces personnes.

Il est certain que la promesse de vente conduit à l'obtention de la propriété de la chose vendue ; mais ce n'est pas à dire que la propriété appartient pour cela à l'acheteur du moment de la promesse primitive. Elle ne lui appartient qu'à partir du contrat ou du jugement qui peut lui en tenir lieu. C'est donc une erreur que de soutenir qu'il y a, en premier lieu, une vente conditionnelle ; car l'accomplissement de la condition rétroagirait et rendrait propriétaire l'acheteur du jour de la convention. Ce contrat est au premier abord unilatéral, et son effet est de produire l'obligation de vendre. Ce qui est conditionnel ici est la promesse de vente. La condition une fois accomplie, la vente naît pure et simple.

Ainsi, je m'engage envers vous, sans qu'il y ait aucun engagement réciproque de votre part, de vous vendre mon brick 30,000 fr. dans un an, s'il vous convenait alors de l'acheter. Au bout de l'année vous me notifiez votre acceptation, et je vous vends.

— Il est certain que nous avons fait là deux conventions : une promesse de vente conditionnelle et une vente pure et simple. Dans le premier contrat je m'obligeais sous condition, et cette condition s'accomplissait à la fin de l'année par votre déclaration de vouloir acheter. C'est cette déclaration qui rétroagit et fait que j'ai toujours été obligé de vendre. — Quant à la vente elle-même, elle est pure et simple, et il ne peut pas être question de rétroactivité pour la transmission de la propriété. — Si donc, dans l'intervalle du premier contrat au second, le promettant avait aliéné la chose, cette aliénation serait valable, et le promettant se trouverait alors débiteur des dommages-intérêts pour le tort que peut avoir produit l'inexécution de son obligation.

La promesse unilatérale de vendre devenue obligatoire, donne-t-elle au créancier la faculté d'obtenir plus tard, malgré le refus du débiteur, la propriété de la chose, ou lui permet-elle seulement de faire condamner le débiteur récalcitrant à des dommages-intérêts? Il faut, nous le croyons, admettre que le créancier a le droit de se faire transmettre la propriété de la chose vendue. Il est certain qu'on ne peut pas contraindre une personne à l'exécution d'un fait, toutes les fois, surtout, que cela dépend *personnellement du débiteur*; mais pour toute autre obligation cette impossibilité n'existe plus; et si l'on ne peut pas forcer le débiteur à exécuter lui-même, on peut se faire autoriser par la justice à faire exécuter à ses dépens. Ce que la loi prohibe en ce cas est de contraindre *personnellement* le débiteur à un fait.

Il va sans dire que tout ce que nous avons exposé sur la promesse unilatérale de vendre s'applique aussi sur la promesse unilatérale d'acheter.

Occupons-nous maintenant du cas prévu par l'article 1589, c'est-à-dire de la convention par laquelle les deux parties contractent l'engagement réciproque, l'une de vendre, l'autre d'acheter, et demandons-nous quel est le sens de cette disposition : *la promesse de vente vaut vente.*

Trois systèmes ont interprété différemment notre article.

Dans le premier on enseigne que l'article 1589 n'a voulu que mieux interpréter la fausse qualification que des parties donnent quelquefois à la vente. C'est ce qui arrive lorsqu'on a dit indifféremment : je promets de vendre, je promets d'acheter, au lieu de dire : je vends, j'achète. Les parties ont bien eu l'intention d'opérer une vente, et non pas seulement de s'engager à vendre plus tard. C'est bien cette vente que notre article prévoit, et que les parties ont mal qualifiée en l'appelant promesse de vente; quant à la vraie vente, l'article ne s'en occupe pas. On peut donc considérer, d'après le Code, les expressions *je promets de d'acheter, je promets de vendre* comme synonymes de celles-ci *j'achète, je vends*. Si au contraire il était démontré que les parties ont sciemment et avec connaissance de cause employé les mots : je promets vendre, je promets acheter, il ne serait pas permis d'interpréter diversement la convention des parties.

Ce qu'il y a de plus saisissant dans cette opinion, c'est qu'elle fait valoir comme *vente*, celle qui a été faussement qualifiée *promesse de vente*, et que la véritable promesse de vente n'y est pas considérée comme vente. Interprété ainsi, notre article n'aurait pas de raison d'être, puisque ces conséquences sortent des principes du droit commun.

Voici comment on raisonne dans un second système : la promesse de vente vaut vente rigoureusement parlant, par le seul fait de la loi qui fait de la simple promesse, une vraie vente, dès avant tout contrat ou jugement. On sait qu'autrefois certains jurisconsultes soutenaient que promettre de vendre ou promettre d'acheter, ce n'était ni vendre ni acheter actuellement, mais promettre le fait de contracter ; qu'en conséquence, d'après certains auteurs, cette convention donnait lieu à des obligations de faire, qui se résolvaient en dommages-intérêts en cas d'inexécution de l'une des parties ; et d'après d'autres, si l'une des parties se refusait à accomplir le fait promis, la justice devait, sur la réquisition de l'autre, tenir le fait pour accompli. Le Code voulut couper court à cette ancienne controverse, et déclara que la promesse de vente vaudrait vente *conclue*, sans besoin de l'office du juge.

D'après le troisième système, le Code n'a eu aucune intention d'innover. Il n'a voulu que conserver ce qui existait. On ne s'est occupé, au moment de la rédaction de l'article, que du point de savoir si cette promesse contient un commencement de vente conduisant forcément à sa résiliation, ou si elle ne conduisait qu'à une condamnation aux dommages-intérêts, et non pas du point de savoir si la promesse de vente doit être considérée comme une vente actuelle. Ainsi donc, la promesse de vente vaut vente en ce sens qu'elle *oblige à passer le contrat* ; c'est ce qui résulte d'un examen attentif des travaux préparatoires, et particulièrement des observations que Malleville, un des quatre rédacteurs du Code, avait faites à l'égard de notre article : « Cet article termine une *grande discussion* entre les docteurs, les uns tenant que la promesse de vendre vaut vente et oblige à passer contrat ; les autres qu'elle se résout en dommages-intérêts (1). » Du reste, il nous dit encore en parlant de l'article suivant, qui s'occupe d'une promesse de vente avec arrhes, il nous dit, qu'il ne s'agit que des arrhes données *sur la simple promesse* de vendre, et non de celles données dans une vente parfaite.

D'un autre côté, on ne comprend pas aisément que la loi vienne nous dire qu'elle ne s'occupe pas de la volonté des parties, et violant la convention, vienne changer la nature du contrat, et déclarer que la simple promesse, vaut une vente parfaite.

Si donc la promesse synallagmatique ne rend pas le futur acheteur propriétaire, elle lui donne le

(1) Fenet, III, p. 359-360.

droit de le devenir; l'acheteur ne deviendra propriétaire que par la vente.

Nous avons supposé jusqu'à présent une promesse de vente pure et simple, mais elle peut être
accompagnée d'un terme et d'une condition. Lorsqu'il y a un délai fixé, soit par le créancier dans
la promesse unilatérale, soit par les deux parties
dans la promesse synallagmatique, et que le terme
expire sans que la demande ait été faite, la promesse est non avenue et les parties se trouvent
libres de leurs engagements. Dans le cas, au contraire, où la promesse a été faite sans désignation
de délai, nous distinguerons si elle est unilatérale
ou synallagmatique. Dans le cas où la promesse
est synallagmatique, les parties sont liées définitivement, et quel que soit le temps écoulé depuis
la promesse, chacune d'elles pourrait toujours
forcer l'autre à exécuter. Si la promesse est au
contraire unilatérale, comme le débiteur ne peut
pas être indéfiniment en suspens, il peut, par une
sommation, forcer le créancier à se prononcer dans
un bref délai, sans quoi il entend se départir de
son obligation. Seulement, s'il y avait contestation sur le prix, c'est le juge qui est alors appelé
à vider la question.

Il existe dans le commerce une opération qui
pourrait être prise pour une promesse unilatérale
de vendre. Nous entendons parler de circulaires
ou notes de prix courant que les commerçants ont
communément l'habitude d'envoyer; ils offrent

ainsi d'expédier les objets qui seraient demandés. Ces offres ne doivent pas être confondues avec la promesse formelle d'acheter ou de vendre; nous ne voulons pas dire par là que ces offres ne puissent pas être quelquefois considérées comme de véritables promesses de vente.

On peut cependant à cet égard formuler une règle générale et dire que, lorsque des offres sont faites par des circulaires, catalogues ou autres annonces, qu'on a l'habitude d'envoyer indistinctement à toute personne, et sans qu'il y ait eu des relations antérieures entre les parties, il ne faut pas supposer là une promesse de vente dans le vrai sens du mot. La partie qui a fait ses offres n'a entendu s'engager à fournir la chose offerte qu'au cas où elle ne les aurait pas vendues à d'autres, ou qu'autant qu'il s'en trouvera sur les lieux; toujours si elle n'a fait que des offres de fournir par commission. Lorsqu'au contraire ces offres sont individuelles, elles prennent plutôt le caractère d'une véritable promesse de vente, à la différence des offres faites à quiconque recevra la circulaire. En effet, lorsque les offres sont individuelles, la partie offrante s'engage à fournir la marchandise. Elle ne pourrait pas se refuser de livrer si, immédiatement après la réception de la lettre, la demande lui en est faite. Dans le premier cas, au contraire, le commerçant ne se trouve pas engagé définitivement, parce que son but n'est que d'appeler l'attention du public, d'augmenter le nombre des clients (1).

(1) Pardessus, *Droit comm.*, n° 269.

Nous voyons souvent les marchands afficher les objets de leur commerce avec une étiquette indiquant le prix de chaque objet. Tant que cette affiche existe, celui qui l'accepte a le droit à la livraison de la marchandise et pour le même prix ; car tant que le marchand ne le retire pas, il fait une offre permanente qui est bien une promesse formelle de vendre, et à laquelle on peut donc le forcer.

Les arrhes dans une promesse de vente doivent être considérées, s'il n'y a preuve du contraire, comme moyen de dédit. Voici, en effet, comment l'article 1590 du Code Napoléon s'exprime : « Si la promesse de vendre a été faite avec des arrhes, chacun des contractants est maître de s'en départir :

« Celui qui les a données en les perdant, celui qui les a reçues en restituant le double. »

En règle générale, on entend par *arrhes* une somme d'argent qui, dans les contrats, est remise par l'une des parties à l'autre, comme garantie de l'exécution de la convention. Notre article change le caractère des arrhes dans les promesses de ventes, et au lieu de leur donner la faculté de prouver l'irrévocabilité de la convention et la volonté bien arrêtée des parties contractantes de ne pas s'en départir, il déclare qu'elles devront être prises comme preuve de l'accord des parties ; que cependant elles n'entendent pas se lier par là irrévocablement à l'exécution, et qu'elles pourraient, par conséquent, s'en dédire. Dans ce dernier cas, si la convention s'exécute par la passation du contrat, les arrhes s'imputeront sur le prix. Ainsi, lorsque je promets de vous vendre pour un certain prix cent mesures de blé dans un mois, et que vous acceptez mes offres, promettant aussi d'acheter, ce contrat serait obligatoire dans un mois s'il était fait sans arrhes, et permettrait à chacun de nous d'obtenir l'exécution du contrat. Si au contraire cette même promesse avait été faite avec 50 fr. d'arrhes que vous auriez donnés, nous serions libre, l'un et l'autre de ne point exécuter, vous en perdant vos 50 fr., moi en vous rendant vos 50 fr. et en vous en donnant 50 autres.

Il est évident du reste que si la chose vendue vient à périr, aucune partie ne doit rien perdre, parce que le contrat ne peut pas recevoir d'exécution : le vendeur seul se trouve avoir perdu la chose qui devait faire l'objet de la vente.

Les parties peuvent aussi convenir par consentement mutuel, que la promesse resterait sans effet, et même, en ce cas, aucune des parties ne doit rien perdre.

Occupons-nous maintenant de l'effet des arrhes, non plus dans les promesses de vente, mais dans les ventes. Le Code n'en parle pas. Comment interpréter son silence? Faut-il admettre que les arrhes sont l'indice de la faculté de se dédire; comme signe de l'irrévocabilité de la convention ou comme simple à-compte sur le prix convenu? Nous

nous bornons seulement à faire remarquer que M. Maleville, l'un des rédacteur du Code Napoléon, nous dit relativement à l'art. 1590 : « Il s'agit dans cet article des arrhes données sur la simple promesse de vendre, et non de celles données, la vente une fois parfaite (1). » On ne trouve aucun autre renseignement à cet égard, même dans les travaux préparatoires.

On ne peut donc pas poser *à priori* de règles spéciales sur cette matière, car il ne s'agira toujours que d'une question de fait, où il faudra surtout rechercher l'intention des parties contractantes. Le juge devra dans chaque espèce décider d'après l'appréciation de la volonté des contractants, qu'il cherchera d'après l'usage et l'importance des arrhes comparées au prix net de la chose. Tout doit être étudié dans de pareils cas, les habitudes des parties et l'ensemble des diverses circonstances qui ont accompagné l'opération.

Si donc pour les simples promesses de vente on ne doit voir dans les arrhes qu'un moyen de dédit, à moins de preuves du contraire ; pour les ventes conclues et arrêtées les arrhes ne prouvent rien, et laissent à juger une circonstance de fait.

(1) Fenet, t. XIV, p. 189.

CHAPITRE IV.

La vente est parfaite du moment où il y a concours des volontés sur le caractère du contrat, sur
la chose et sur le prix. De ce moment, nous dit
l'article 1583 du Code Napoléon, la chose vendue
passe dans la propriété de l'acheteur quoiqu'elle
n'ait pas encore été livrée, ni le prix payé. C'est
alors aussi que les risques passent à la charge de
l'acheteur qui est devenu propriétaire de l'objet
vendu : *res perit domino.*

Par exception les risques se trouvent à la charge
du vendeur lorsqu'il est en demeure de livrer, et
seulement depuis cette demeure. Ainsi, à moins
d'une stipulation expresse, qui mettrait les risques
à la charge du vendeur, c'est l'acheteur qui les supporte.

Les risques étant une conséquence du droit de
propriété, pour être logique il faut aussi décider
que celui qui les supporte profite des accroissements
ou augmentations de la chose. Ces principes, étant
de droit commun, régissent aussi bien les matières
civiles que les matières commerciales.

Les ventes sous conditions suspensives, n'ayant
pas pour effet de transmettre *hic et nunc* la propriété
de l'objet vendu, laissent nécessairement les risques
à la charge du vendeur, qui en reste propriétaire

jusqu'à l'avénement de la condition. De manière que les risques demeurent toujours à la charge du vendeur toutes les fois que la vente n'a pas pour objet une translation de propriété immédiate; comme lorsque la vente est faite d'une chose qui n'est pas déterminée, ni par son espèce, ni par sa qualité, la vente ne devenant, dans ces derniers cas, parfaite que par la détermination de l'objet vendu. C'est encore ce qui a lieu dans les ventes de choses qui se pèsent, se comptent ou se mesurent. Ces choses restent, en effet, aux risques du vendeur tant qu'elles n'ont pas été comptées, pesées ou mesurées (art. 1565 du C. Nap.).

Remarquons toutefois que ces dernières ventes sont régies en matière commerciale par l'article 100, lequel article semble poser d'autres principes que ceux donnés par le Code Napoléon, par rapport à la question des risques.

Voici comment cet article est conçu : « La marchandise sortie du magasin du vendeur ou de l'expéditeur, voyage, s'il n'y a convention contraire, *aux risques et périls de celui à qui elle appartient,* sauf son recours contre le commissionnaire et le voiturier chargé du transport » (art. 100 c. com.).

Cet article suppose que la sortie des marchandises des magasins du vendeur et l'expédition qui en est faite n'emportent pas toujours tradition en faveur de l'acheteur. C'est ce qui résulte des mots : « la marchandise... voyage aux risques et périls de celui à qui *elle appartient.* » En effet, cette phrase pourrait signifier que la marchandise ne voyage pas nécessairement au compte de l'acheteur, en d'autres termes, que le vendeur peut, malgré l'expédition qu'il en a faite, en avoir conservé la propriété. L'expédition pourrait donc ne pas avoir opéré la livraison.

Mais la rédaction un peu obscure de cet article s'explique à la simple lecture de la discussion qui a précédé son adoption au conseil d'État. Cette discussion fixe le vrai sens de l'article 100 du Code de commerce (1).

Plusieurs cas ont été prévus à cette occasion, et d'abord celui où un marchand écrit à un autre de lui envoyer une certaine quantité de marchandises d'une nature déterminée. Cette marchandise ne forme pas encore un corps certain et a besoin d'être individualisée par la livraison pour passer dans la propriété de l'acheteur. On était d'accord au conseil d'État qu'en principe les marchandises devenaient la propriété de l'acheteur du moment que la livraison, qui en était faite au voiturier ou au commissionnaire, les individualisait et les rendait certaines. Mais faire peser dans tous les cas les risques sur l'acheteur, pour le rendre responsable des faits d'un commissionnaire ou d'un voiturier dont le choix aurait été laissé à l'expéditeur, eût été trop de rigueur. On a voulu en conséquence permettre à l'acheteur de s'en décharger, et l'on s'est très-mal expliqué lorsqu'on a dit que la mar-

(1) Locré, t. XVII, p. 257 et 258.

chandise sortie du magasin du vendeur voyageait aux risques et périls de celui à qui elle appartient, au lieu de dire qu'elle voyageait aux risques de l'acheteur à moins de stipulation contraire. Il fut donc convenu qu'en principe l'expédition emportait livraison. C'est ce que l'on exprimait, à la discussion, par ces mots : « L'acheteur ne s'est fait expédier les marchandises que pour s'éviter la peine de venir les prendre dans les magasins ; en employant ce moyen il a suivi la foi du vendeur, et s'en est rapporté aux soins que celui-ci prendrait. Si cet acheteur avait eu quelque crainte, il aurait désigné lui-même le commissionnaire par lequel l'envoi lui serait fait ; il aurait stipulé que la livraison lui serait faite à domicile. Quand il néglige ces précautions, il est réputé avoir mis les marchandises entre les mains du vendeur et s'en être chargé à l'instant même. »

Les risques ne passent donc à la charge de l'acheteur qu'au moment où les objets vendus ont été remis au voiturier ; car, tant que cette remise n'est pas faite, même si les marchandises ont été pesées, comptées ou mesurées, elles ne passent pas dans la propriété de l'acheteur, parce que rien n'empêche l'expéditeur de les changer. Donc la remise qui est faite au voiturier ou au commissionnaire, lors même que le choix n'aurait pas été fait par l'acheteur, emporte livraison, à moins de stipulation contraire.

Cependant il peut se faire que quoique la marchandise reste dans la propriété du vendeur, elle voyage aux risques de l'acheteur. C'est ce qui arrive, dit M. Demangeat, lorsque le vendeur chargeant la marchandise pour le compte et aux risques de l'acheteur, met le connaissement ou la lettre de voiture à l'ordre d'un tiers (1).

Le vendeur, n'étant pas encore payé, et ayant des doutes sur la solvabilité de l'acheteur, expédie la marchandise à un consignataire qu'il charge d'en faire la livraison, soit en échange du prix, soit après avoir pris les garanties nécessaires. En ce cas la marchandise n'étant pas expédiée directement à l'acheteur, on ne peut pas soutenir qu'il y a livraison. La règle générale cesse alors d'avoir son effet, et c'est l'article 100 qui est alors applicable, quoique ce cas ne paraisse pas avoir été prévu lors de la discussion.

L'article 100 ne sort donc pas des règles du Code Napoléon, car il ne fait que s'expliquer sur des circonstances particulières. Du reste, l'article statuant sur des marchandises qui sont en voyage, donne à l'individualisation de cette marchandise le même effet qu'elle aurait par la tradition puisqu'elle en transporte la propriété et les risques.

Ainsi donc, généraliser la règle de l'article 100 serait dépasser sa portée ; car les principes posés par les articles 1138 et 1583 du Code Napoléon sont de droit commun et régissent dans toute autre

_____

(1) M. Demangeat, t. II, p. 410

circonstance les achats et ventes. Ces articles contenant en effet des principes généraux, embrassent toutes les matières. Nous avons vu dans le courant de notre travail l'application des règles générales expliquées dans ce chapitre, et nous en avons vu les exceptions et notamment celles des articles 1585, 1586 et 1587 du Code Napoléon.

CHAPITRE V.

DES OBLIGATIONS DU VENDEUR.

« Le vendeur est tenu d'expliquer clairement ce
à quoi il s'oblige. Tout pacte obscur ou ambigu
s'interprète contre le vendeur. » (Art. 1602 C. N.).
Comme c'est le vendeur qui pose en général les
conditions de la vente, c'est aussi à lui de s'expliquer clairement. Il est du reste facile de comprendre que ce n'est pas pour rien qu'il tâche de
cacher sa pensée ; il ne le fait souvent que pour
tromper l'acheteur, pour apaiser ses soupçons.

Le motif de cette règle nous fait comprendre
qu'il n'y aurait plus lieu à l'appliquer s'il était
démontré que le vendeur n'a fait qu'acquiescer
aux conditions proposées par l'acheteur. Aussi,
dans le cas d'une vente conclue par correspondance, on interpréterait contre l'acheteur les
termes de la lettre dans laquelle il aurait le premier proposé l'opération. Dans un cas pareil, il
est juste d'interpréter contre l'acheteur les clauses
qu'il invoque pour obtenir un avantage qui ne résulte pas de la nature même de la vente. En effet,
les raisons qui militaient contre le vendeur dans
le premier cas, militent en sa faveur dans le
second.

L'acheteur ne doit donc pas, quand ce n'est
pas lui qui dicte les clauses du contrat, s'en rap-

porter exclusivement à la protection dont l'environne la loi. Il doit lui-même s'aider par de sérieuses investigations et étudier soigneusement les titres.

Le vendeur a deux obligations principales, celle de livrer et celle de garantir la chose qu'il vend. (art. 1602 C. N.) Le première de ces obligations est absolue et sans restriction. La livraison doit par conséquent s'accomplir au moment où la chose vendue devient exigible. La seconde ne subit pas les mêmes rigueurs.

L'obligation de livrer n'est valable que lorsque l'objet de la vente réunit les quantités et les qualités voulues, et qui ont été stipulées par l'acheteur. Dans les ventes civiles cela est de rigueur; car l'acheteur n'est censé avoir contracté qu'en vue des qualités exigées. Cette rigueur, en fait de commerce, n'est pas admise d'une manière aussi absolue ; car elle causerait des entraves aux opérations et à leur développement. Il n'est donc pas permis de rompre une opération pour la moindre différence entre la chose offerte et la chose promise. Seulement le vendeur peut être obligé de subir une réduction dans le prix. C'est ainsi que dans l'usage on remet les parties dans la plus parfaite égalité. Il faut toutefois renfermer les exigences du vendeur ou de l'acheteur dans une limite telle, qu'il ne puisse pas en résulter aucun tort ni pour l'un, ni pour l'autre.

Nous ajouterons même, d'après une espèce qui

nous a été présentée, que l'acheteur n'a aucun droit à réduction du prix, qu'autant que la livraison n'a pas été accomplie, à moins qu'il n'ait fait ses réserves, en prenant livraison. Aucune réclamation postérieure à l'acceptation et à l'enlèvement des marchandises ne peut donner lieu à déduction du prix, lorsqu'il n'y a pas de défauts cachés. Dès que l'on a examiné la marchandise et qu'on l'a transportée dans les magasins de l'acheteur, celui-ci n'est recevable à formuler aucune réclamation, surtout lorsque la marchandise est facile à vérifier; car admettre ce procédé ce serait livrer le vendeur à la disposition de l'acheteur, et lui faire perdre la position avantageuse qu'il avait avant la livraison de la même marchandise. Il faut donc, si l'on veut avoir droit à une réduction du prix, la demander au moment même où la tradition se fait, ou du moins assez à temps pour que l'on ne puisse supposer de la mauvaise foi de la part de l'acheteur.

Dans l'espèce présentée, l'acheteur avait reçu la marchandise après examen, et l'avait transportée; après plusieurs jours de possession il est venu prétendre qu'une réduction lui était due. Quelques allégations qu'il pût présenter, il n'était nullement recevable.

Admettant qu'un procès soit pendant sur le point de savoir jusqu'à quel taux se calcule la bonification que l'on doit accorder à l'acheteur, il faudra que les juges s'en tiennent à la qualité de

la marchandise; et si, pour cette qualité, la différence ne doit pas dépasser 1/2 ou 1 pour 100; pour
celle-là, elle peut arriver à 3 ou 4 pour 100. Ce que
les juges doivent surtout bien appliquer après mûr
examen c'est l'usage, en cette matière, qui doit être
plutôt restreint qu'étendu, par la seule raison
qu'autant cet usage est utile au commerce, autant
il est dangereux lorsqu'on lui donne des facilités
pour en abuser.

Il faut donc pour cela que le vendeur prouve
avant tout l'existence de l'usage et ensuite son
étendue; car il serait de toute injustice de lui accorder une faveur qui nuira aux intérêts de l'acheteur.

Livrer la chose vendue est en opérer le transport en la pleine possession et puissance de l'a-
cheteur.

« La délivrance est le transport de la chose
vendue en la puissance et possession de l'acheteur. » (Art. 1604, C. Nap.)

Sans nous étendre sur les distinctions des espèces
de traditions feintes, symboliques ou allégoriques
qu'on faisait dans l'ancien droit, nous dirons
avec Marcadé que le Code a repoussé avec raison ce
système empirique et matérialiste de fictions et
d'allégories... Ces idées et autres semblables ne
sont plus de mise sous le Code Napoléon, et il faut
se contenter de dire, aujourd'hui, que la délivrance est accomplie quand l'acheteur, de quelque
manière que ce soit, avec ou sans tradition, avec

ou sans acte matériel quelconque, se trouve avoir
la chose en sa possession et sous sa puissance (1).
L'article 1605 s'occupe de la vente des immeubles ;
mais notre matière nous oblige à nous en écarter.
Nous ne nous arrêterons qu'à l'article 1606 qui ne
s'applique qu'aux meubles et en indique trois
modes de délivrance.

Le premier s'opère par la tradition réelle de la
chose vendue ou de la marchandise.

Il y a ensuite la tradition des choses par la remise des clefs des bâtiments qui les contiennent.
Cette livraison est réelle, en ce sens qu'elle met la
chose à la disposition de l'acheteur au point qu'elle
ne pourrait être livrée à un autre acheteur sans
que cela soit accompagné de vol ou d'effraction.
La différence entre ce cas et le premier n'est donc
qu'apparente.

La délivrance se fait encore *par le seul consentement des parties*, si le transport ne peut pas se
faire au moment de la vente, soit à cause de l'é-
loignement de la marchandise, soit à cause de tout
autre empêchement, — ou si l'acheteur est déjà,
à un titre quelconque (d'usufruit, de louage,
ou de dépôt), en possession de la chose antérieurement à la vente. Peu importe donc que la
tradition soit faite avant ou après le contrat.

On peut ajouter la délivrance par la remise
des titres de propriété ou autres, qui donnent
au vendeur droit à la marchandise ou à la chose

(1) Marcadé, t. VI, p. 221.

vendue; c'est ce qui se passe, par exemple, dans la vente d'un navire lorsqu'on transmet l'acte de francisation.

Ajoutons enfin que la livraison se fait par l'application que l'acheteur fait du sceau ou de sa marque.

L'acheteur doit donc, s'il laisse la chose vendue entre les mains du vendeur à un titre quelconque, avoir le soin de se munir d'un titre constatant si c'est pour une simple jouissance ou pour cause de réparation etc., qu'il a bien voulu lui laisser la possession momentanée. Mais il arrive souvent en matière commerciale que l'acheteur néglige cela. On peut alors employer pour le prouver tous les moyens de preuves qui sont énumérées par l'article 109 du Code de commerce.

La prise de possession a un double intérêt qu'il faut avant tout remarquer. Elle détermine le droit entre les différents acquéreurs d'une même chose; elle indique ensuite quelles sont les choses qui restent dans le patrimoine du vendeur qui tombe en faillite, parce qu'elles n'ont pas été livrées, et celles qui ont été livrées et qui ne sont pas comprises dans les biens de la faillite.

Puisque la tradition feinte ou effective fixe la propriété de la chose, demandons-nous comment on peut régler une vente d'une coupe de bois non encore détachée du sol. Je suppose, que le vendeur, après avoir vendu la coupe de bois à Pierre, vend, quelque temps après, la même coupe de bois à Paul. Dans l'espèce, il n'y a ni transport réel ni transport fictif, comment décidera-t-on la question ? A qui cette coupe appartiendra-t-elle au premier ou au second acheteur ? En d'autres termes , quand est-ce qu'il y aura tradition et dès lors translation de propriété ? Faut-il admettre que la propriété est acquise à celui qui a commencé l'exploitation (ce qui équivaudra alors à une prise de possession), ou faut-il dire au contraire, avec l'article 521 du Code Napoléon, que les coupes ordinaires des bois taillis ou de futaie mis en coupes réglées, *ne deviennent meubles* qu'au fur et à mesure que les arbres sont abattus ? Dans ce dernier cas, la propriété sera transmise à celui qui aura le titre le plus ancien.

Argumenter ainsi serait faire une fausse application des articles 520 et 521 ; car les fruits et bois taillis ne sont des immeubles que lorsqu'il s'agit du droit du propriétaire vis-à-vis du droit de l'usufruitier. C'est alors que l'on décide que les fruits ou bois taillis sont meubles ou immeubles, selon qu'ils ont été coupés ou non. En dehors de ce cas, les fruits ou bois taillis sont des meubles, surtout lorsqu'ils ont acquis l'âge de l'exploitation ; et qu'ils sont tels lorsque le propriétaire en dispose séparément du fonds. L'immobilisation de ces objets serait, du reste, contraire à leur nature et à leur but.

C'est donc l'abatage qui est la prise de possession du bois vendu, et c'est dès ce moment que la propriété est fixée en faveur de celui qui l'exécute, peu importe la date du titre. Il faut alors appliquer la règle qu'en fait de meubles possession vaut titre. Le système contraire entraînerait à des conséquences inadmissibles. En effet, dans la vente des immeubles, la propriété n'étant transférée à l'égard des tiers que par la transcription, nulle part nous ne trouvons que la vente d'une coupe de bois, doit être transcrite.

L'acheteur a du reste un très-grand intérêt à établir qu'il y a eu livraison ; car par ce moyen, il se trouve en dehors du concours des autres créanciers du vendeur. Mais il serait inutile d'insister sur ce point.

Comme nous venons de le voir, il y a des traditions spéciales dans les ventes commerciales, et qui souvent sont d'une solution contestable. Ainsi l'application de la marque de l'acheteur sur les objets vendus prouve-t-elle une tradition, la prise de possession?

Le Code de commerce parle dans les articles 102 et 281 des marques que l'on met aux colis qui doivent voyager. Ces marques, en général, servent à empêcher la confusion entre les marchandises de même nature ou apparence, et à en faciliter la reconnaissance à leur arrivée et surtout en cas de naufrage. A ce point de vue, les marques ne sont que des mesures d'ordre et de prudence. C'est du reste ainsi, qu'on interprète les articles cités ci-dessus, l'un relatif à la lettre de voiture, l'autre au connaissement. Ces marques sont toujours apposées par l'expéditeur.

Mais la marque peut avoir été apposée par l'acheteur. Alors, et disons-le d'avance, tout le monde est d'accord sur le point de savoir si la propriété est transférée *erga omnes ;* c'est du reste un usage constant dans le commerce, surtout quand la vente est incontestable. Il y a alors cette différence entre la marque apposée par l'acheteur et celle apposée par l'expéditeur que, la première est une prise de possession, tandis que la seconde n'est qu'une mesure de précaution, une adresse conventionnelle servant à faire reconnaître la marchandise. La première en effet n'a lieu, en général, qu'en présence du vendeur ; tandis que la seconde se fait sans le concours de l'acheteur.

Mais la marque apposée par l'acheteur laisse-t-elle toujours présumer une prise de possession ? Il y a des auteurs qui l'admettent.

Nous pensons bien qu'en règle générale cette marque laisse présumer une prise de possession ; mais nous croyons qu'il peut arriver aussi que l'acheteur n'ait apposé la marque que pour distinguer la marchandise. Cette marque aura l'effet de forcer le vendeur et l'acheteur à exécuter le contrat.

La même question a été posée à l'égard des choses que l'on est dans l'usage de goûter. On s'est demandé alors si la marque que l'acheteur a apposée sur le vase ou récipient est un indice que la marchandise a été agréée. M. Troplong a soutenu l'affirmative (1). Il est en effet difficile de comprendre, nous dit-il, que l'acheteur eût marqué l'objet du marché, s'il ne se fût pas considéré propriétaire, et par conséquent comme ayant goûté et agréé les objets en question. On n'appose en effet sa marque que si l'on a cru utile de le faire et parce que la marchandise a été vérifiée, goûtée et agréée. La vente devient par conséquent définitive et les risques se trouvent à sa charge par la détermination ainsi faite de la marchandise vendue.

Mais ne peut-il pas se faire que la marque n'ait été apposée, que pour empêcher toute substitution ; pour laisser le contrat en suspens jusqu'à ce qu'il en soit convenu ultérieurement par la dégustation ? Nous admettons cependant que cela doit ou résulter d'une clause formelle, ou ressortir des circonstances ; car autrement on se trouverait sous le poids de la présomption que la marque prouve un marché définitif. Ainsi, à défaut d'accord de ce genre, l'apposition de la marque est la prise de possession.

Nous avons dit plus haut en traitant de l'article 1606 du Code Napoléon, que la tradition peut avoir lieu par le seul consentement, quand l'impossibilité de livrer résulte de la situation de la mar-

(1) Troplong, n° 103.

chandise. En effet, la marchandise peut être au loin, soit entre les mains d'un tiers dépositaire ou détenteur quelconque, soit dans le pouvoir du vendeur.

Lorsque la marchandise est entre les mains des tiers détenteurs, la délivrance peut se faire par un ordre de livraison que le vendeur remet à l'acheteur. Cet ordre, en effet, comme nous l'avons vu, équivaut à l'autorisation d'enlever, si la marchandise était présente. Seulement ce n'est pas une délivrance réelle ayant effet *erga omnes*; car un autre porteur d'ordre de livraison pourrait toujours, et à juste droit, se déclarer propriétaire de la marchandise si le premier il se l'est fait livrer. L'ordre de livraison n'équivaut donc pas à la tradition de la chose vendue.

L'article 109 du Code de commerce énumère parmi les moyens de preuves du contrat de vente la *facture*. On se demande alors si l'envoi de cette facture à l'acquéreur peut équivaloir à la tradition réelle.

C'est se demander si la remise de l'acte de vente peut remplacer la tradition réelle. Le sens des mots, dit M. Alauzet, s'oppose invinciblement à ce qu'elle constitue une livraison réelle. Elle ne peut même pas réaliser une livraison non réelle (1). Le vendeur, en se dessaisissant de l'acte de vente ou de la facture, n'a pas entendu par là abandonner la marchandise à l'acheteur pour qu'il puisse en disposer. Les tiers ne pourront donc pas s'en pré-

(1) Alauzet, n° 1131.

valoir. Mais la remise de la facture ne pouvant pas équivaloir à la tradition, si le vendeur faisait en outre abandon à l'acheteur de la facture constatant la vente antérieure qui l'a rendu propriétaire, il en résulterait un dessaisissement en sa faveur du titre de propriété; il y aurait en quelque sorte une livraison symbolique.

Pendant que la marchandise est encore en route, le vendeur peut en faire la délivrance à l'acheteur. C'est l'article 576 du Code de commerce qui nous en indique le moyen : « Néanmoins la revendication ne sera pas recevable si avant leur arrivée les marchandises ont été vendues sans fraude *sur factures et connaissement* ou lettres de voiture signées par l'expéditeur. » Le vendeur doit donc remettre à l'acheteur, pour opérer cette délivrance, la facture qui constate la vente antérieure par laquelle il en est devenu propriétaire lui-même au même temps que le connaissement ou la lettre de voiture ; car ce n'est que par le connaissement et la lettre de voiture qu'on peut obtenir livraison de la chose vendue. C'est la lettre de voiture ou le connaissement qui seuls accordent le droit de se saisir de la chose, et qui en attendant remplacent la possession réelle et forment pour ainsi dire les titres de propriété. Lors donc que le vendeur fait délivrance à l'acheteur du connaissement ou de la lettre de voiture, pendant que celui-ci possède au même temps la facture, il devient possesseur et propriétaire même à l'égard des tiers. Si donc la facture opère

remise entre les parties contractantes, le connaissement ou la lettre de voiture opère cette livraison
même vis-à-vis des tiers.

L'utilité de distinguer s'il y a eu livraison ou
non, est très-grande; surtout quand on l'envisage
du côté de l'intérêt que les tiers peuvent y avoir.
L'article 1583 est donc pleinement applicable en
matière commerciale comme en matière civile, et
l'individualisation de la marchandise sans livraison suffit pour transporter la propriété de la chose
vendue.

On oppose le sens de l'article 100 du Code de commerce qui semble dire que l'expédition n'emporte
pas toujours tradition au profit de l'acheteur. « La
marchandise sortie des magasins du vendeur ou de
l'expéditeur voyage, s'il n'y a convention contraire,
aux risques et périls *de celui à qui elle appartient*,
sauf son recours contre le commissionnaire et le
voiturier chargés du transport. » Le sens de cet
article n'est bien saisissable qu'après avoir lu l'a-
nalyse de la discussion au conseil d'État, que
M. Locré fait sur cet article. Il résulte en effet de là,
et nous l'avons vu, qu'on n'a nullement voulu innover aux principes du Code Napoléon, et que la marchandise sortie des magasins du vendeur et expédiée, voyage aux risques de l'acheteur, puisque cette
expédition constitue livraison de droit commun;
l'expédition emporte livraison, à moins de clause
contraire, comme lorsque l'acheteur stipule que la
marchandise sera livrable à domicile.

On explique ce principe en disant que c'est pour éviter à l'acheteur la peine de venir prendre livraison de la marchandise sur les lieux, qu'on est censé lui en avoir fait livraison, et par la suite expédition. C'est donc une erreur de donner une autre interprétation à l'article 100 du Code de commerce pour le généraliser.

On peut aussi considérer comme accomplissant la tradition *le transfert en douane*, en ce sens qu'il peut être assimilé à une tradition virtuelle, parce qu'il met la chose à la disposition de l'acheteur. Mais en dehors de cela le transfert en douane n'est créé que dans un but tout fiscal, et la livraison peut avoir lieu indépendamment du transfert.

Il y a des marchandises qui, pour changer d'acquéreur, se trouvent sujettes à des droits envers le trésor public, ou sont obligées de payer des impôts indirects. Dans le cas du silence des parties, c'est la loi qui établit souvent à la charge de qui ces droits doivent tomber : et dans le cas où la loi ne contient aucune disposition à ce sujet, c'est d'après l'usage que le payement doit se régler. En attendant, rien ne peut empêcher l'acheteur d'enlever la marchandise.

La délivrance est l'exécution de la vente, et elle doit être impérieusement faite en temps et lieu convenus. S'il n'a rien été convenu, la délivrance doit s'opérer d'après les règles tracées par l'article 1241 du Code Napoléon, relatives au payement. Elle doit se faire lorsqu'il s'agit d'un corps certain et déterminé dans le lieu où était au temps de l'obligation la chose qui en fait l'objet. Si la chose vendue n'est déterminée que par son espèce ou sa quantité, elle est livrable au domicile du vendeur, dans ses magasins ou entrepôts.

« Les frais de délivrance (tels que pesage et mesurage) sont à la charge du vendeur, et ceux d'enlèvement à la charge de l'acheteur s'il n'y a eu stipulation contraire (1608 C. Nap.) ».

La délivrance doit être faite au temps fixé par la convention, et quand la convention n'en fixe pas, au moment de la vente. Si le vendeur laisse écouler le délai fixé par la convention sans effectuer la délivrance, l'acheteur peut demander à son choix et avec dommages et intérêts, s'il y a lieu, la mise en possession ou la résolution du contrat. Cependant, si le vendeur prouve qu'il a été empêché par un cas fortuit ou de force majeure d'effectuer la délivrance dans le temps convenu, ce retard ne peut pas motiver contre lui ni la résolution de la vente ni même une demande en dommages intérêts.

La simple échéance du terme ne suffit pas pour faire encourir la résolution du contrat ou la condamnation à des dommages-intérêts. Il faut pour cela une sommation de la part de l'acheteur (art. 1139 et 1146 C. Nap.). Le juge peut même accorder un délai de grâce, à moins qu'il n'y ait eu stipulation, que la seule échéance mettrait en demeure le vendeur.

Si la vente a été faite sans terme, le vendeur peut se refuser à la délivrance, lorsque l'acheteur ne paye pas son prix. C'est du reste une application du principe de droit commun. Le vendeur conserve donc un droit de rétention *jure pignoris*.

Lorsqu'une vente est faite avec terme pour le payement du prix, le vendeur suit alors la foi de l'acheteur et renonce ainsi tacitement à son droit de rétention. Toutefois, si un terme de grâce est accordé à l'acheteur pour le payement du prix, le vendeur conserve toujours son droit de rétention.

Le vendeur est obligé de livrer la marchandise de la qualité convenue, et à défaut de convention à cet égard, la marchandise doit être *loyale* et *marchande*. L'acheteur ne pourra pas exiger une marchandise de première qualité, ni le vendeur offrir de la marchandise de basse qualité. C'est du reste une question de fait très-délicate.

Dans les ventes commerciales on se base souvent sur des échantillons qui ont été donnés. Si la marchandise n'est pas conforme aux échantillons, l'acheteur peut refuser de la recevoir, car l'efficacité du contrat est subordonnée à la conformité de la marchandise. Dans ces ventes, lorsque l'acheteur prend livraison de la marchandise, il n'est pas censé l'avoir acceptée *hic et nunc*, mais à la condition d'en vérifier la conformité, surtout lorsque le marché s'est passé par correspondance.

Si, au contraire, la vente sur échantillon s'est

passée entre commerçants de la même place, c'est
une question de fait que celle de savoir si la seule
livraison laisse présumer l'acceptation de la part
de l'acheteur.

Les circonstances et l'usage surtout de la place,
doivent être appréciés et suivis ; de manière que
quoique en droit la demande en vérification soit
recevable, en fait elle peut ne pas être admise. Il
est clair aussi que la demande en vérification doit
suivre de près la réception de la marchandise et
qu'aucun doute ne peut s'élever, tant à l'égard de
l'échantillon, qu'à l'égard de la marchandise. Les
juges sont ici dans leur prudence les seuls arbitres, et doivent toujours prendre en considération,
en dehors des circonstances, la moralité des parties,
souvent sans considérer leur position sociale. A défaut
de conformité la vente est nulle, car elle a été contractée sous la condition que la marchandise soit
conforme à l'échantillon.

Si la vente a été faite de marchandises qui ne sont
connues et reconnues que par la marque ou l'es-
tampille qui les désigne, l'acheteur est autorisé à
les refuser, toutes les fois qu'elles en sont dépour-
vues comme n'étant pas de la qualité voulue.

Le vendeur doit faire la délivrance de la chose
entière. Les accessoires font part de l'objet vendu,
et leur défaut peut souvent causer la résolution de
la vente.

L'acheteur n'est pas admis à demander le bénéfice du terme lorsqu'il a diminué les sûretés of-

fertes au vendeur ou, lorsqu'il a su lui cacher son insolvabilité.

« Il ne faut point se dissimuler, dit M. Alauzet, que l'application de cette règle peut, en fait, être quelquefois embarassante ; reprocher à un commerçant son état de déconfiture, c'est porter une grave atteinte à son crédit et lui causer un tort, dont la réparation serait due, si l'allégation n'était pas pleinement justifiée. Le législateur a eu pour but seulement d'intéresser le vendeur à conjurer le danger de non-payement. Mais le vendeur serait obligé de livrer, dès que l'acheteur offrirait de le garantir par des cautions ; alors, en effet, le danger n'existe plus. »

Dans la vente d'un fonds de commerce, il est certain que tout ce qui dépend de ce fonds et tout ce qui est utile à le faire connaître et conserver, forme son accessoire. Il est aussi reconnu que l'acheteur a le droit de s'appeler *successeur*, quand il n'y a pas de stipulation contraire. Nous avons déjà décidé la question du nom, qu'entraîne la vente du fonds. Enfin, nous avons encore résolu la question de savoir si le vendeur a le droit d'élever un autre établissement de même nature dans le voisinage, lorsque l'acte de vente ne contient aucune stipulation expresse à cet égard. M. Alauzet cite un arrêt de la Cour de cassation qui accorde ce droit au vendeur. Mais dans l'espèce le vendeur créait une usine sur un terrain qui lui appartenait déjà. C'est pour cela que la

Cour de cassation jugeant sur la nature du droit, a oublié le principe posé par l'article 1382 du Code Napoléon. «Tout fait quelconque de l'homme, qui cause à autrui un dommage, oblige celui par la faute duquel il est arrivé, à le réparer » (1).

— « Chez un peuple civilisé les acquisitions originaires sont rares. Presque toutes les propriétés ont été transmises. La richesse des hommes repose sur la réalité des droits ou l'étendue des obligations de ceux auxquels ils ont succédé. De là l'importance des questions de garanties » (2). Cette théorie se réalise essentiellement dans la vente, et c'est pour cela que l'article 1603 du Code Napoléon dit que le vendeur est obligé de garantir la chose qu'il vend, et l'article 1625 entend la garantir en ce sens, que le vendeur doit assurer une position paisible de la chose vendue, et doit assurer que cette chose n'a pas de défauts cachés ou de vices rédhibitoires.

Les ventes commerciales en général ne s'occupent que de meubles, si l'on excepte la vente d'un navire, qui est du reste considéré meuble, mais pour lequel il y a des règles spéciales ; de son côté, le Code Napoléon, dans ses dispositions relatives à la garantie *en cas d'éviction*, n'a en vue spécialement que les ventes d'immeubles. Il en résulte donc que les meubles n'ayant pas de suite, on ne saurait en faire ici l'application. Ainsi, sans insister

(1) M. Alauzet, n° 1136. Cass., 17 juin 1844.
(2) M. Labbé, *Traité de la garantie*, p. 1.

sur les règles concernant la garantie en cas d'é-
viction, on peut cependant soutenir que l'acheteur qui se trouverait évincé de quelque manière que ce fût, aurait droit contre le vendeur
non-seulement au remboursement du prix, mais
encore à être indemnisé du préjudice qu'il en
aurait éprouvé. On ne pourrait trouver, à cet
égard, des dispositions dans le Code que relativement à la chose volée ou trouvée (art. 2279
C. Nap.) — Voilà pour la première obligation de
l'article 1629.

La seconde comprend la garantie des défauts
cachés de la chose vendue ou les vices rédhibitoires; et l'application dans le commerce en est
essentielle.

Le défaut est caché lorsque l'acheteur ne peut
actuellement le découvrir, ou lorsque le défaut ne doit se manifester que dans l'emploi de
la chose.

Le vendeur répond donc d'après l'article 1641 :

1° Des vices qui rendent la chose impropre à
l'usage auquel l'acheteur la destinait ;

2° Des vices qui diminuent tellement cet
usage que l'acheteur ne l'eût pas acquise s'il les
avait connus;

3° Des vices qui sont tels, que si l'acheteur les
eût connus, il n'eût acheté la chose que pour un
prix inférieur à celui qu'il l'a payée.

La dernière de ces conditions est admise de

plein droit pour les vices rédhibitoires dans les ventes d'animaux domestiques.

D'un autre côté, l'acheteur doit examiner et vérifier la chose qu'il achète, et s'il n'a pas les connaissances nécessaires il doit recourir aux personnes de compétence, et ne traiter que d'après leur conseil. En effet, d'après les articles 1642 et 1643 du Code Napoléon, le vendeur ne répond pas:

1° Des vices qui n'appartiennent à aucune des catégories désignées par l'article 1641;

2° Des vices que nous avons énumérés *lorsqu'ils sont apparents* et que la vente est faite en présence de la chose vendue. La loi présume en effet que l'acheteur les a connus, et qu'il doit en avoir fixé le prix en conséquence. Nous avons supposé une vente en présence de la chose vendue; car lorsque la vente se passe sans que les parties se trouvent en présence de la chose, le vendeur est responsable même des vices apparents, car on ne peut pas raisonner comme dans l'espèce précédente;

3° Des vices ci-dessus désignés *quoique non apparents,* lorsque l'acheteur *les a connus par une voie quelconque;*

4° Enfin le vendeur ne répond pas des mêmes vices lorsqu'il a vendu avec clause de non-garantie.

Il ne faut cependant pas confondre les vices rédhibitoires avec le *déficit* de quantité ou de qualité de la chose; car les vices rédhibitoires sont des défauts cachés qui peuvent exister indépendamment de la qualité et quantité de la marchandise. Ces vices ne se manifestent pas *primo visu* au moment du contrat, par la simple inspection, ou au moment de la réception. La loi n'a donc pas pu être précise sur la qualité des défauts en toute matière, ou sur l'époque dans laquelle leur constatation donnera lieu à une action.

Il y a deux actions en faveur de l'acheteur : l'action *rédhibitoire* et l'action *quanti minoris*. La première a pour but de résoudre le contrat. L'acheteur rend alors la chose, pour reprendre le prix et se faire payer des dommages-intérêts s'il y a lieu. La seconde, sans annuler le contrat, force le vendeur à restituer une partie du prix arbitrée par des experts. A part ce que nous dirons sur la loi du 20 mai 1838 concernant les animaux domestiques, les réclamations de l'acheteur doivent être faites dans un bref délai qui est souvent déterminé par l'usage. En ce cas on présume toujours que le vice existait déjà au moment de la vente ; c'est donc au vendeur à prouver que le vice n'a commencé que postérieurement à la vente. Il peut se faire aussi qu'aucun délai n'ait été déterminé par la loi ni par l'usage ; aucune présomption n'existe alors contre le vendeur, et c'est à l'acheteur à fournir la preuve que le vice aura pris naissance avant la vente. Nous disions que les réclamations doivent avoir lieu dans un bref délai. C'est donc une question qui est généralement laissée à l'appréciation des juges, qui doivent fixer les délais d'après la nature des vices.

Qu'on nous permette maintenant de transcrire quelques règles que M. Pardessus a résumées, car tout, en cette matière, étant fort peu réglé, il ne serait pas indifférent de se fixer sur les points qui sont généralement admis par l'usage :

« Les seules (règles) qu'on puisse donner dans de telles circonstances sont : 1° que l'identité des choses doit être avouée ou constatée ; 2° que les vices rédhibitoires d'une portion font rescinder pour le tout la vente d'une même partie de marchandises ; 3° que s'il est de la nature même de la chose d'avoir quelque vice, il n'y a pas lieu à rédhibition ; 4° qu'on doit se conformer aux usages locaux tant sur ce qu'on peut appeler défauts de qualité, lorsqu'il n'est pas évident pour les juges que le vice allégué rend la chose impropre à l'usage pour lequel elle avait été achetée, que sur le délai dans lequel l'acheteur doit former son action, et qu'en pareille matière tout dépend de la prudence des juges, si quelque loi n'a prononcé sur ce point ; 5° que, si dans le bref délai accordé pour faire la réclamation, on constate le vice de la chose, la présomption est qu'il existait au moment de la vente, sauf au vendeur à prouver le contraire ; 6° que le délai étant écoulé, l'action est non recevable si elle n'est fondée sur l'aveu du vendeur ; 7° que si la chose a péri par sa mauvaise qualité, le vendeur est tenu de cette perte ; et si au contraire elle périt par cas fortuit, avant que les vices aient été constatés, l'acheteur n'est plus recevable dans sa réclamation. Il n'est pas nécessaire d'attendre pour l'introduction de la demande l'effet d'une expertise ordonnée contradictoirement. Aussitôt que l'acheteur reconnaît le vice, il peut s'adresser au président du tribunal de commerce ou au juge de paix pour le faire constater, et le procès-verbal devient le fondement de la demande, sans préjudice des exceptions du défendeur (1). »

Quant à l'étendue de l'action rédhibitoire, une distinction est nécessaire: ou le vendeur était de bonne foi en vendant sa chose, et alors il ne doit que la restitution du prix, car il ne peut pas s'enrichir aux dépens de l'acheteur ; mais il ne doit pas de dommages et intérêts : ou il était de mauvaise foi, et alors, outre le prix, il doit à l'acheteur une indemnité pour les dommages résultant directement des vices de la chose, même si ces dommages n'avaient pas pu être prévus lors du contrat. Il peut se faire cependant que, sans être coupable de mauvaise foi, il ne soit imputable que d'une *simple faute*. On doit en effet toujours s'assurer de vices des choses dont on fait le commerce. Le vendeur étant en faute, c'est par cette faute que l'acheteur a éprouvé un dommage. Il ne répond en ce cas, après la restitution du prix, que du dommage qu'on pouvait prévoir au moment du contrat.

L'action rédhibitoire ne doit pas être confondue avec l'action en nullité (art. 1304). L'action en

______

(1) Pardessus, *Droit commercial*, n° 284.

nullité se prescrit par dix ans, tandis que l'action rédhibitoire, à peine de déchéance, doit être intentée dans un bref délai. La première n'est occasionnée que par les vices et défauts cachés de la chose qui ne perd pas pour cela ses qualités principales et essentielles; la seconde, au contraire, n'a lieu que lorsque ces qualités constitutives et essentielles font défaut, peu important les vices accessoires.

Si la chose périt par suite du vice dont elle était atteinte, l'acheteur conserve ses actions; si, au contraire, elle périt par cas fortuit et *à fortiori*, par sa faute, il perd ses actions. Cette décision, il faut bien l'avouer, peut ne pas être juste, lors, surtout, qu'il est reconnu que l'objet vendu était entaché de vices au moment de la vente.

Dans les ventes faites en justice, cette action ne doit pas avoir lieu, parce que dans ces ventes l'acheteur est rarement trompé, à cause que cette vente se passe au milieu d'une foule qui peut dévoiler facilement les vices. D'un autre côté, jamais dans ces ventes le prix n'est élevé, ce qui atténue le danger des vices.

On a soulevé une question sur le point de savoir s'il faut considérer comme vices rédhibitoires des trous, déchirures ou taches qui se trouveront dans les étoffes vendues.

L'usage et la bonne foi doivent être la seule règle dans ces marchés. Et d'abord il est certain que dans la vente au détail ces vices ne forment pas ce

que l'on appelle défauts cachés, puisque l'acquéreur, présent, a tout le loisir d'examiner la marchandise. Quant aux ventes en gros, il n'est pas
dans l'usage de déplier des pièces d'étoffes qui
souvent se déprécient par le simple maniement,
surtout lorsqu'il s'agit de pièces de soie. Là forcément ces vices prennent la forme de défauts cachés, et il est du reste d'un usage fréquent et reconnu dans le commerce, que ces pièces soient
renvoyées sans contestation, à moins de stipulation contraire. Nous croyons aussi qu'on ne s'occupe même pas de la question de réduction.

Pour ces ventes, le temps que l'on doit accorder
à l'acheteur pour intenter son action, doit être
assez long pour qu'il puisse vérifier la marchandise.

Nous rappelons qu'en ce qui concerne la quantité, le déficit n'est pas considéré comme défaut
caché, mais donne lieu seulement à une diminution de prix appelée *réfaction.*

Le mot *environ,* joint à la quantité, rend, dans le
marché, l'obligation moins étroite et peut admettre,
un déficit de 5 à 10 p. 100.

Le Code Napoléon s'en rapportait pour l'action
rédhibitoire à l'usage des lieux et à la nature des
vices (art. 1648). Mais cette disposition a été la
cause d'une foule de procès et de beaucoup d'em-
barras pour les solutions qu'il fallait donner. La
loi du 20 mai 1838 sur les vices rédhibitoires dans
les ventes et échanges d'animaux domestiques est

venue établir à cet égard une règle uniforme et positive.

Les innovations qui ont été introduites par cette loi sont au nombre de trois :

1° Le Code Napoléon laisse au juge le pouvoir d'examiner si le vice, quel qu'il soit, a les caractères prévus par l'article 1641. — La loi de 1838 détermine au contraire d'une manière limitative les vices rédhibitoires.

2° D'après le Code Napoléon, l'acheteur avait la faculté d'opter *soit pour l'action rédhibitoire, soit pour l'action quanti minoris* (art. 1644). — D'après la loi de 1838, si l'acheteur n'exerce pas l'action rédhibitoire à laquelle il a droit, il ne peut pas obtenir une diminution de prix. Elle va encore plus loin : si l'acheteur conserve la chose qu'il peut rendre, elle présume qu'il reconnaît que toute vicieuse qu'elle est, elle peut encore remplir l'usage auquel il la destinait.

3° L'article 1648 du Code Napoléon accorde le délai qui est adopté par l'usage des lieux. — La loi de 1838 a fixé des délais uniformes pour toute la France. Ces délais courent du jour de la délivrance et non pas du jour du contrat. Ils sont francs ; de sorte que l'action est utilement introduite le lendemain du dernier jour fixé par la loi.

Notons cependant que la loi du 10 mai 1838 ne reçoit d'applications qu'au cas de vices rédhibitoires des animaux de l'espèce chevaline, bovine et ovine, et que pour les animaux et les choses qui ne sont pas comprises dans l'énumération de cette loi, le Code Napoléon reste toujours applicable.

Pour compléter les explications que nous avons données, nous croyons utile de transcrire le texte de la loi.

Loi du 20 mai 1838, concernant les vices rédhibitoires dans les ventes et échanges d'animaux domestiques.

Art. 1er. Sont réputés vices rédhibitoires et donneront seuls ouverture à l'action résultant de l'article 1641 du Code civil, dans les ventes ou échanges d'animaux domestiques ci-dessous dénommés, sans distinction des localités où les ventes et échanges auront eu lieu, les maladies ou défauts ci-après, savoir :

Pour le cheval, l'âne ou le mulet. — La fluxion périodique des yeux, l'épilepsie ou le mal caduc, la morve, le farcin, les maladies anciennes de poitrine ou vieilles courbatures, l'immobilité, la pousse, le cornage chronique, le tic sans usure des dents, les hernies inguinales intermittentes, la boiterie intermittente pour cause de vieux mal.

Pour l'espèce bovine. — La phthisie pulmonaire, l'épilepsie ou mal caduc, les suites de la non-délivrance, le renversement du vagin ou de l'utérus, après le part chez le vendeur.

Pour l'espèce ovine. — La clavelée : cette maladie reconnue chez un seul animal entraînera la rédhibition de tout le troupeau. — La rédhibition n'aura lieu que si le troupeau porte la marque du vendeur. Le sang de rate : cette maladie n'entraînera la rédhibition du troupeau qu'autant que, dans le délai de la garantie, sa perte constatée s'élèvera au quinzième au moins des animaux achetés. Dans ce dernier cas, la rédhibition n'aura lieu également que si le troupeau porte la marque du vendeur.

2. L'action en réduction du prix autorisée par l'article 1644 du Code civil, ne pourra être exercée dans les ventes et échanges d'animaux énoncés dans l'article 1er ci-dessus.

3. Le délai pour intenter l'action rédhibitoire sera, non compris le jour fixé pour la livraison, — De trente jours pour le cas de fluxion périodique des yeux et d'épilepsie ou mal caduc; — De neuf jours pour tous les autres cas.

4. Si la livraison de l'animal a été effectuée, ou s'il a été conduit, dans les délais ci-dessus, hors du lieu du domicile du vendeur, les délais seront augmentés d'un jour par cinq myriamètres de distance du domicile du vendeur au lieu où l'animal se trouve.

5. Dans tous les cas, l'acheteur, à peine d'être non recevable, sera tenu de provoquer, dans les délais de l'article 3, la nomination d'experts chargés de dresser procès-verbal; la requête sera présentée au juge de paix du lieu

où se trouve l'animal. Ce juge nommera immédia'ement, suivant l'exigence des cas, un ou trois experts, qui devront opérer dans le plus bref délai.

6. La demande sera dispensée du préliminaire de conciliation, et l'affaire instruite et jugée comme matière sommaire.

7. Si, pendant la durée des délais fixés par l'article 5, l'animal vient à périr, le vendeur ne sera pas tenu de la garantie, à moins que l'acheteur ne prouve que la perte de l'animal provient de l'une des maladies spécifiées dans l'article 1er.

8. Le vendeur sera dispensé de la garantie résultant de la morve et du farcin pour le cheval, l'âne et le mulet, et de la clavelée pour l'espèce ovine, s'il prouve que l'animal, depuis la livraison, a été mis en contact avec des animaux atteints de ces maladies.

CHAPITRE VI.

La principale obligation de l'acheteur, dit le Code Napoléon, est celle de payer le prix au jour et aux lieux réglés par la vente. Il en est ainsi lors même que la délivrance est devenue impossible par la perte de la chose ou autrement. « S'il n'a rien été réglé à cet égard lors de la vente, l'acheteur doit payer au jour et au lieu et dans le temps où doit se faire la délivrance » (art. 1651) lorsque la vente est pure et simple. Hors ces cas le payement doit être fait au domicile du débiteur (art. 1247 C. Nap.). Ces règles concernant le payement, déterminent aussi la compétence du tribunal auquel les parties doivent s'adresser relativement aux contestations qui peuvent surgir.

Seulement il est à remarquer que le demandeur pourra assigner à son choix, lorsqu'il s'agit d'une affaire commerciale : 1° devant le tribunal du domicile du défendeur ; 2° devant celui dans l'arrondissement duquel la promesse a été faite et la marchandise livrée ; 3° devant celui dans l'arrondissement duquel le payement devait être effectué. Il y a donc exception en faveur du commerce afin de faciliter aux négociants le moyen d'arriver promptement à l'exécution de leurs transactions.

Nous savons que le vendeur peut toujours se refuser à livrer dans les ventes au comptant, lorsque l'acheteur ne s'exécute pas immédiatement. Supposons qu'il livre l'objet vendu, ou qu'il l'expédie avant d'être payé; est-ce toujours au lieu où s'est opérée la délivrance ou au domicile du débiteur que le payement doit être exécuté? Nous pensons que c'est bien au domicile de l'acheteur que le vendeur sera obligé de demander le payement, car c'est bien là qu'il serait forcé de s'adresser. Le vendeur a en effet suivi dans une mesure, quelque restreinte qu'elle soit, la foi de l'acheteur, et il ne reste plus, pour arriver à l'accomplissement du contrat, qu'un payement à faire et qui ne pourra être demandé qu'au domicile du débiteur.

D'ailleurs les parties sont libres de stipuler que le payement sera fait là, où elles conviendront au moment du contrat, l'application de la règle tracée par la loi dans la vente au comptant, comme dans la vente à terme, est donc subordonnée à la volonté des parties, toujours libres de convenir du contraire. En matière commerciale, et surtout dans la vente, il n'y a souvent d'autres titres que la facture, qui en exécutant le marché, fournit en quelque sorte la preuve de son existence, et en mentionne les conditions. En principe, la facture est l'œuvre exclusive du vendeur, et comme c'est le vendeur lui-même qui pose les différentes clauses du contrat, on ne saurait dès lors considérer ses énonciations que comme des prétentions qui lui sont purement personnelles.

Cette facture doit être nécessairement envoyée à l'acheteur, afin que sa réception, tout en lui faisant connaître les conditions qu'on lui impose, le mette en mesure de les discuter, de les repousser, si elles ne lui conviennent pas, ou si elles s'écartent des conditions sous la foi desquelles il a traité. Il arrive alors assez fréquemment que parmi les indications qui s'y trouvent relatées, le vendeur ait indiqué que le payement s'exécuterait à son domicile : il est évident alors que si, usant de son droit, l'acheteur a protesté contre l'indication du domicile du vendeur, désigné comme lieu de payement, il n'y a jamais eu de convention à ce sujet, et cette indication, œuvre unique de celui-ci, n'a pu déroger en rien aux règles tracées par la loi (art. 1247 C Nap.).

Mais si l'acheteur ne proteste pas, le contraire se réalise, et l'indication relative au lieu du payement devient valable par son acceptation tacite; car, mis au courant des prétentions du vendeur, s'il ne fait pas de réserve, ou s'il garde seulement le silence, il est censé approuver les clauses de la facture. Il ne peut y avoir de difficulté sur tout ce que nous avons dit à cet égard. Mais si le principe est en lui-même très-rationnel, il se soulève cependant une difficulté quant à son application.

A quelle époque peut-on dire, en effet, que le silence de l'acheteur équivaut à l'acceptation?—Les tribunaux de commerce ont toujours été d'accord à décider que lorsque la facture a été envoyée assez de temps avant l'arrivée des marchandises pour faciliter à l'acheteur une réponse sans qu'il y eût aucune protestation de sa part, son silence équivaut alors à l'acceptation de la condition (1).

L'article 1652 du Code Napoléon se rattache à une question qui découle aussi de l'obligation par l'acheteur de payer le prix. « L'acheteur doit l'intérêt du prix de la vente jusqu'au payement du capital, dans les trois cas suivants : — S'il a été ainsi convenu lors de la vente ; — Si la chose vendue et livrée produit des fruits ou autres revenus ; — Si l'acheteur a été sommé de payer. — Dans ce dernier cas, l'intérêt ne court que depuis la sommation. »

Nous ne dirons rien relativement à la première de ces trois règles, puisque c'est une application du droit commun (art. 1134 C. Nap.). Nous nous tairons aussi quant à la troisième, qui rentre comme la première dans le droit commun, en vertu de l'article 1139 du Code Napoléon. Il nous reste par conséquent la troisième qui, loin d'être l'application d'un principe général, y fait exception ; car d'après l'article 1153, dans les obligations qui se bornent au payement d'une certaine somme, les dommages et intérêts résultant du retard dans l'exécution ne courent pas de plein droit. Si donc notre article 1652 déroge à ce principe, c'est parce

(1) J. D. P. 1, 1838, 329 ; 2, 1842, 195.

que l'égalité étant la base de la vente, il est juste
que celui qui est privé des fruits de la chose vendue
trouve une compensation dans les intérêts du prix.
C'est bien apparemment aussi pour cette raison
que, toutes les fois que la chose ne produit pas
de fruits, on rentre dans le droit commun. —
Nous critiquons cependant cette différence établie par la loi; car il est juste que celui qui
est privé de sa chose pour une autre, puisse retirer de celle-ci tout le profit qui lui revient de
droit. Nous ne voyons donc pas pourquoi la loi aurait voulu plus favoriser un vendeur qu'un autre.

Ces règles de droit civil ne régissent pas de la
même manière les achats et ventes commerciaux.
Ainsi la règle par laquelle les intérêts sont dus
lorsque la chose est productive de fruits et qu'au
contraire ils ne sont pas dus lorsqu'elle n'en produit pas, n'a pas de raison d'être en fait de commerce. Dans le commerce, en effet, toute marchandise étant destinée à produire un bénéfice ou
un revenu quelconque, le profit qu'on en retire résulte de la spéculation qu'on a en vue. Si donc à
l'égard du consommateur elle ne produit ni fruits,
ni aucun bénéfice, à l'égard du commerçant elle en
produit toujours un : l'avantage est dans la spéculation. Ainsi c'est à cause de cette spéculation, qui
est pour le commerçant le seul moyen de se procurer des bénéfices, que les intérêts du prix dans
les ventes au comptant lui sont toujours dus
(art. 550 C. com.).

Dans les ventes à terme si, en droit civil, le terme accordé à l'acheteur n'empêche pas les intérêts de courir, en matière commerciale ces intérêts ne sont dûs qu'à partir seulement de l'échéance de ce terme. La raison en est bien simple : le commerçant qui connaît d'avance que ce terme est en usage, fixe d'avance un prix qu'il détermine en considération du terme qu'il accorde. Les intérêts se trouvent ainsi présumés ajoutés au capital. Ce qui nous le prouve c'est la pratique constante du commerce, où l'acquéreur qui veut se libérer avant le terme le fait toujours avec escompte. Comme on le voit, cet usage, autorisé du reste par l'article 146 du Code de commerce, se trouve en désaccord avec l'article 1187 du Code Napoléon.

L'acheteur est obligé de payer son prix ; mais s'il s'y refuse le vendeur peut à son choix prendre l'un de ces deux partis : 1° il peut maintenir le contrat et poursuivre le payement par toute voie de droit ; 2° il peut demander la résolution, reprendre la chose s'il y a moyen, et exiger des dommages-intérêts lorsqu'il ne résulte pas des termes du contrat que la vente est résolue de plein droit : cela même si une seule partie du prix n'avait pas été payée. Mais il n'a pas dit que les poursuites en payement emportent déchéance absolue contre l'acheteur, car il peut payer même après la demande en résolution intentée contre lui. Sur cette matière l'article 1654 n'est que l'application de l'article 1184, dont voici les termes : « La condition résolutoire est toujours sous-entendue dans les contrats synallagmatiques, pour le cas où l'une des deux parties ne satisfera point à son engagement. — Dans ce cas le contrat n'est point résolu de plein droit. La partie envers laquelle l'engagement n'a point été exécuté, a le choix ou de forcer l'autre à l'exécution de la convention lorsqu'elle est possible, ou d'en demander la résolution avec dommages-intérêts. — La résolution doit être demandée en justice, et il peut être accordé au défendeur un délai selon les circonstances. »

Le Code accorde donc, comme l'ancienne jurisprudence, le droit de faire résoudre la vente alors même qu'aucune stipulation expresse ne serait intervenue à ce sujet. Par conséquent le refus que l'acheteur ferait de remplir son obligation ou le retard qu'il mettrait à son accomplissement l'obligerait à réparer le préjudice qui en résulterait dans un cas comme dans l'autre, et la perte de la chose resterait à sa charge.

En matière civile, le vendeur pourrait même invoquer l'article 1657, en vertu duquel la vente de denrées et effets mobiliers est résolue de *plein droit* et sans sommation si, après l'expiration du terme convenu, l'acheteur n'a pas opéré le retirement. Cet article reçoit-il d'application en matière de ventes commerciales?

Cela nous mène forcément à la deuxième obligation de l'acheteur qui est celle de prendre livraison de la chose; faute de quoi il peut, tout comme au cas de défaut de payement, être mis en demeure.

Cette question est très-controversée, et quoique pour la négative on oppose de forts arguments, nous n'hésitons pas à suivre le système de MM. Demangeat et Troplong, qui a été du reste adopté par la jurisprudence.

Voici d'abord les termes de cet article : « En matière de ventes de denrées et effets mobiliers, la résolution de la vente aura lieu de plein droit et sans sommation au profit du vendeur après l'expiration du terme convenu pour le retirement. »

Il est certain que si l'acheteur a été empêché de retirer la chose vendue par cas fortuit ou de force majeure, notre article ne reçoit aucune application ; mais aussi c'est à lui qu'incombe la preuve du cas fortuit. Ce n'est qu'à cette condition que la vente subsisterait. Si c'est au contraire par son fait ou par sa faute que le retard a eu lieu, c'est alors qu'on se demande si l'article 1657 régit aussi les ventes commerciales de cette espèce.

Les partisans de la négative soutiennent que, c'est à tort que dans le langage ordinaire on emploie, comme synonymes les mots *denrées* et *marchandises*. Dans le langage de droit, cette confusion n'est pas possible ; le cultivateur produit et vend les denrées ; ces denrées deviennent entre les mains des commerçants qui les achètent des marchandises. Que l'art. 1657 ne parlant que des *denrées et effets mobiliers* a entendu par là exclure son application aux ventes commerciales qui ne s'occupent que des *marchandises*. Ces auteurs, pour nous prouver la vérité de leurs assertions, nous citent le changement qui s'est opéré dans le projet soumis au conseil d'État à propos du mot *marchandises* qui s'y trouvait et qui fut remplacé par les mots *denrées* et *effets mobiliers*. On ne voulait pas, ajoutent-ils, que cette expression *marchandises* pût faire supposer que l'article 1657 serait applicable au commerce où cependant aucune vente n'est résiliée sans que l'acheteur ait été mis en demeure de retirer les marchandises. Si l'on s'écartait de cet usage, on donnerait trop d'avantage au vendeur dans le cas où le cours des choses augmenterait. A la suite de ces observations le consul Cambacérès dit : « Toute équivoque sera levée par le procès-verbal qui indiquera que l'article n'est pas applicable aux affaires de commerce. » C'est alors que le mot *marchandises* disparut (1).

Pour répondre à cela, qu'on nous permette de citer ce passage de M. Demangeat : « Ce qui s'est passé au conseil d'État signifie seulement, qu'en élaborant l'article 1657, on n'a pas voulu trancher dès lors la question de savoir, si cet article s'appliquerait même aux ventes commerciales ; et on a entendu réserver aux rédacteurs du futur Code de commerce toute liberté pour dire, au cas où cela leur paraîtrait convenable, qu'il ne devait pas s'appliquer à ces ventes. Or les rédacteurs du Code

(1) Locré, t. XIV, p. 60. — Fenet, t. XIV, p. 31.

de commerce n'ont rien dit de semblable; c'est qu'ils ont voulu laisser la vente commerciale aussi bien que la vente civile sous l'empire de notre article 1657. »

Cet article a, d'ailleurs, été créé en vue de grandes variations que les denrées ou effets mobiliers peuvent subir relativement au prix. Le moindre retard, en effet, peut souvent occasionner un préjudice irréparable. « Ces raisons de différence sont surtout sensibles pour un achat constitutif d'un acte de commerce, dont le but souvent ne comporte pas de délai; à un acte de cette espèce s'applique donc naturellement l'article 1657. D'ailleurs on y trouve le principe formulé en termes généraux et de manière à embrasser les ventes commerciales : par conséquent il faut reconnaître qu'elles y sont comprises. (1) » D'autant plus que, comme nous l'avons vu, les rédacteurs du Code de commerce ne se sont pas occupés d'y mettre aucune différence.

M. Troplong, qui soutient notre système, admet que dans le commerce, plus encore qu'en matière civile, il faut que le marchand soit mis en situation de profiter des variations du cours. Toute l'industrie du marchand consiste à vendre avec bénéfice, et à saisir les occasions favorables pour compenser les pertes qu'occasionnent les variations inattendues. Le même auteur réfute le système contraire, défendu par M. Pardessus, en di-

(1) Arrêt de la Cour de cassation du 6 juin 1848.

sant que, le retard causé par l'acheteur au retirement des objets vendus fait supposer sa renonciation au marché, et qu'en conséquence le vendeur
serait en droit d'aliéner dans un moment de
hausse la même marchandise, sans que l'acheteur
trouve aucune raison de se plaindre. Il aurait donc
fallu, d'après M. Pardessus, faire à l'acheteur sommation d'un bout à l'autre de la France. Ne serait-ce
pas souvent ruineux pour le vendeur, qui risque-
rait ainsi de perdre la marchandise par une baisse
ou même par un accident survenu? Si, au lieu
d'être un spéculateur, il eût été un simple particulier, il aurait pu faire une excellente spéculation
d'après l'article 1657 ; spéculateur par état, on
lui interdit la spéculation (1).

Enfin, le vendeur risque ainsi une double perte:
celle de perdre la chose si le prix vient à baisser,
et celle de perdre le prix si l'acheteur devient insolvable.

Dans cette position, dit M. Massé, est-il juste
de subordonner les intérêts pressants du vendeur
à ceux de l'acheteur qui est en faute ? Ici c'est le
vendeur qui réalise ou espère réaliser un bénéfice de sa spéculation; c'est pourquoi, d'après le
même auteur, « vouloir que dans ce cas la vente
ne pût être résolue qu'après sommation de retirer,
ce serait donner à l'acheteur des moyens de profiter de la hausse postérieure au délai, en retirant
la marchandise malgré l'expiration du terme, et

____

(1) Troplong, *De la vente,* n° 680.

de rejeter la baisse sur le vendeur, en ne retirant pas, ce qui serait assurément injuste (1).

La résiliation, pour défaut de retirement, n'est acquise qu'au vendeur seul. L'acheteur ne pourrait donc jamais s'en prévaloir. Il résulte de cela que le vendeur peut renoncer à ce bénéfice, et poursuivre la vente ; comme aussi il peut se faire autoriser à vendre par ministère de courtiers la marchandise, et alors il reste créancier de la différence en moins, entre le produit net de la vente et le prix stipulé dans le contrat. — Mais la résolution de plein droit et sans sommation prévient justement les dangers du retard qui seraient souvent préjudiciable au vendeur.

Il est à remarquer maintenant qu'il existe, entre la condition résolutoire tacite de l'article 1184 (qui diffère de celle de l'article 1654), et une condition résolutoire expresse, purement casuelle et dont doit dépendre l'existence du contrat, cette différence, que la première ne peut être invoquée que par le vendeur seul ; tandis que la seconde peut l'être par les deux parties, et même par un tiers intéressé ; dans la condition résolutoire expresse, on n'a pas besoin d'un jugement pour la faire prononcer, ce jugement ne pourrait que la constater ; tandis que pour la condition résolutoire tacite un jugement est nécessaire pour prononcer la résolution de la vente. Le juge peut même, d'après les circonstances, ne

_____

(1) Massé, t. III, n° 1837.

pas prononcer cette résolution pour accorder un délai à l'acheteur.

⸙

CHAPITRE VI.

DE LA DEMEURE SOIT DE L'ACHETEUR SOIT DU VENDEUR, ET DES DOMMAGES ET INTÉRÊTS QUI EN RÉSULTENT.

Il nous faut actuellement dire comment le vendeur et l'acheteur sont constitués en demeure, et les conséquences de cette demeure.

Ici, comme partout, il importe de distinguer le fait même de la demeure de sa constatation, qui est indispensable pour donner au créancier le pouvoir d'agir.

Aux termes de l'article 1139 du Code Napoléon, pour que le débiteur soit en demeure régulièrement, il faut une sommation, ou autre acte équivalent.

N'oublions pas qu'en matière commerciale, il n'est pas nécessaire de recourir au ministère d'un officier public ; si la mise en demeure par un autre moyen est niée, elle peut être prouvée par témoins.

La mise en demeure est également encourue et pleinement efficace, et par l'effet de la convention, lorsqu'elle porte que sans qu'il soit besoin d'acte

et par la seule échéance du terme, le débiteur sera
en demeure (C. Nap., même article).

Enfin, le débiteur est encore en demeure, et
ce de plein droit, si la chose qu'il était tenu
de donner ou de faire ne pouvait être donnée
ou faite utilement pour le créancier que dans
un certain délai qu'il a laissé passer (C. Nap.,
art. 1146).

Ceci bien compris, supposons le vendeur en demeure : l'acheteur a le droit de demander en justice
soit la résolution de la vente, soit l'exécution du
contrat par sa mise en possession de la chose achetée,
si elle est possible (C. Nap., art. 1610).

« Dans tous les cas, le vendeur doit être condamné aux dommages-intérêts, s'il résulte un préjudice pour l'acquéreur du défaut de délivrance au
terme convenu. » (C. Nap., art. 1611).

Ainsi, l'acheteur n'a droit à des dommages-intérêts qu'autant : 1° qu'il éprouve un préjudice, et
2° que le vendeur n'a aucune excuse valable à alléguer. Ajoutons que si celui-ci offre d'obéir immédiatement à la sommation qui lui est faite quand
cet acte est nécessaire pour le constituer en demeure, il doit être renvoyé de la demande, à quelque époque que cette sommation lui ait été adressée.
— Disons toutefois qu'il en serait autrement s'il
était établi que son retard est entaché de dol ou de
mauvaise foi.

Nous savons que la résolution n'a jamais lieu de
plein droit, qu'elle doit être demandée à la justice,

et que celle-ci peut même accorder un délai de grâce au défendeur, suivant les circonstances.

En matière commerciale, le juge doit apprécier sévèrement le cas fortuit, ou la faute du vendeur qui l'a précédé, et le déclarer responsable des engagements qu'il a imprudemment contractés, sans tenir compte des empêchements qu'il aurait dû prévoir.

De même qu'en matière civile, ici, les dommages-intérêts sont l'équivalent de la perte éprouvée par l'acheteur et du gain dont il a été privé; ils sont dus pour les dommages prévus lors du contrat seulement, ou tout à la fois pour les dommages prévus ou impossibles à prévoir, suivant qu'il y a simple faute ou dol de la part du vendeur; mais dans tous les cas, aucune indemnité ne peut lui être réclamée pour ce qui n'est pas une suite directe et immédiate de l'inexécution de son contrat.

Que si les parties ont elles-mêmes fixé par une clause pénale le montant des dommages-intérêts, cette fixation fait loi entre elles.

Quand la résolution est demandée, les dommages-intérêts sont de la différence entre le prix convenu et le prix du jour où la délivrance devait avoir lieu : peu importent les variations de la marchandise de ce dernier jour à celui où la sentence du juge est rendue.

Quand l'acheteur poursuit l'exécution, ordinairement le juge accorde un délai de vingt-quatre heures au vendeur pour effectuer la délivrance,

et faute par celui-ci de s'exécuter, autorise le demandeur à acheter les marchandises au cours du
jour.

En outre dans ce cas, le vendeur doit pour
l'inexécution de son obligation des dommages-
intérêts qui sont, ainsi que nous venons de le dire,
de la différence entre le prix convenu et le prix du
jour où la délivrance devait être faite, s'il y a eu
hausse. Il est clair qu'il n'en doit point quand il
y a eu baisse.

Que si le vendeur s'exécute dans les vingt-quatre
heures ou immédiatement après la sommation,
peu importe la hausse ou la baisse ; il ne doit point
de dommages-intérêts : l'acheteur, en effet, a obtenu
tout ce qu'il demandait.

On comprend d'après cela que celui-ci deman-
dera la résolution ou l'exécution du contrat, suivant ce que lui dictera son intérêt.

Les diligences faites par le vendeur pour obtenir son payement n'impliquent pas de sa part, si
le prix n'est pas payé, renonciation à son droit de
demander la résolution, à moins, toutefois, qu'il
n'ait été stipulé que le contrat serait résolu de plein
droit faute de payement à l'échéance.

L'acheteur peut être mis en demeure, soit de
payer son prix, soit de se livrer de la chose vendue
aux termes et aux lieux convenus. Lorsqu'il refuse de prendre livraison, il peut être mis en demeure de le faire de la même manière que le vendeur. Ce n'est pas tout : aux termes de l'article 1657

du Code Napoléon, « en matière de vente de denrées et effets mobiliers, la résolution de la vente
a lieu de plein droit et sans sommation au profit
du vendeur, après l'expiration du terme convenu
pour le retirement. »

Cette disposition rigoureuse doit-elle être appli-
quée aux ventes commerciales? C'est là un des
points les plus controversés de la matière. — Nous
en avons fait l'objet de l'une de nos positions.

Inutile d'ajouter que faute par l'acheteur de
remplir sa double obligation, le vendeur, après
l'avoir constitué en demeure, peut lui réclamer
des dommages-intérêts pour le défaut de payement ou d'enlèvement, et en outre se faire autoriser par la justice à déposer les marchandises
vendues dans un lieu déterminé et poursuivre le
payement de son prix, ou bien demander la résolution.

Ajoutons qu'il lui est en outre loisible de se faire
autoriser par le tribunal à faire vendre les marchandises par un courtier, aux risques et périls de
l'acheteur; cas auquel il reste créancier de l'écart
entre le prix convenu et celui de l'adjudication, en
outre des frais accessoires.

Il va enfin de soi que le vendeur optera pour la
résolution ou le maintien du contrat, suivant que
les marchandises auront haussé ou baissé.

CHAPITRE VII.

DE LA PREUVE DE LA VENTE.

L'article 109 du Code de commerce, nous trace à lui seul les règles concernant la preuve de la vente. Seulement, et nous en avons déjà fait la remarque, loin de se restreindre aux achats et ventes; cet article énumère des moyens de preuves généraux, s'appliquant à tout engagement commercial. Nous ne le suivrons pas dans tous ses détails, et nous nous attacherons aux seules preuves relatives à la vente.

D'après l'article 109, la convention se constate:

1° Par actes publics;

2° Par actes sous signature privée;

3° Par le bordereau ou arrêté d'un agent de change ou courtier signé par les parties;

4° Par une facture acceptée;

5° Par la correspondance;

6° Par les livres des parties;

7° Par la preuve testimoniale, dans le cas où le tribunal croira devoir l'admettre.

Ces sept moyens de preuves ne sont pas les seuls qui servent à constater les conventions: nous pouvons ajouter, que les conventions peuvent encore être prouvées:

8° Par les présomptions dont parle l'art. 1353 du C. Civ.;

9° Par l'aveu (art. 1354 C. Civ.);

10° Par le serment décisoire ou supplétoire (art. 1357 à 1369 C. Civ.).

Il est évident que cet article déroge d'une manière expresse aux dispositions du Code civil, en établissant pour les matières commerciales des règles particulières concernant les moyens de preuve. Il ne peut y avoir de difficultés que sur le point de savoir dans quelles circonstances notre article est ou n'est pas applicable. Un différend peut, en effet, s'engager soit entre deux commerçants, soit entre un non-commerçant et un commerçant. Ainsi l'article 109 est-il applicable, lorsqu'une contestation existe entre deux individus dont un seul est commerçant ?

Le commerçant peut toujours invoquer les moyens énumérés par l'article 109 lorsqu'il est assigné, même par un non-commerçant devant les tribunaux de commerce. Il est à remarquer, en effet, que lorsque l'acte qui donne lieu à la contestation, est présumé commercial, par suite de la qualité de commerçant de celui dont il émane, ou par sa nature et indépendamment de la profession de son auteur, la partie à l'égard de laquelle l'acte n'est pas commercial a le choix de la juridiction : elle est libre de traduire son adversaire devant la juridiction commerciale, ou devant la juridiction civile. En effet, le défendeur a dû s'attendre à être soumis à la juridiction commerciale ; et le même défendeur n'a pas dû compter, que celui avec qui il traitait, entendît se rendre justiciable du tribunal de commerce pour un engagement qui, de sa part, n'était pas commercial.

L'article 109 reçoit aussi son application, lorsque c'est le commerçant lui-même qui assigne un non-commerçant devant les tribunaux de commerce. Lorsque le défendeur, assigné devant la juridiction commerciale, oppose l'exception d'incompétence, c'est au demandeur à prouver que le fait qui donne lieu à la contestation est commercial. Cette preuve peut-elle, ou ne peut-elle pas être admise par le tribunal de commerce?

L'intérêt de cette demande est celui de savoir si l'on peut même pour cette question, se servir de tous les moyens d'instruction qui sont admis en matière commerciale. Ne serait-ce pas un moyen indirect de changer la compétence établie par la loi? D'après nous, on peut avec sûreté répondre, que le tribunal de commerce saisi de la question préalable n'agit point en dehors de son pouvoir, lorsqu'il juge cette même compétence. En effet ou le tribunal retient l'affaire, qu'il a reconnu et jugé être de sa compétence, et il n'accomplit point de la sorte un abus de pouvoir; ou il ne retient pas l'affaire, et on ne pourra alors lui reprocher de s'être servi des voies d'instruction commerciales, puisqu'il s'est jugé incompétent.

Une novation pourrait intervenir et changer ainsi le caractère d'une obligation qui originairement était commerciale, en la rendant civile.

Même si l'opération s'était passée entre commerçants, la libération ne pourrait être en ce cas alléguée par le débiteur que par des moyens de preuve civils. On peut même ajouter, que les jugements et arrêts changent aussi le caractère du titre, et en opèrent novation en rendant inapplicable la disposition de l'article 109. « L'exécution d'une condamnation, nous dit M. Massé, substituée par un jugement à une obligation commerciale, constitue si peu une affaire commerciale, qu'elle est de la compétence exclusive des tribunaux civils qui sont chargés de pourvoir à cette exécution, sans avoir à se préoccuper de la nature des obligations en vertu desquelles le jugement a été obtenu (1). »

Revenons maintenant à l'énumération des différents moyens de preuve.

La convention, nous dit l'article 109, se constate :

I. *Par actes publics.* — L'acte public dont on parle ici est l'acte notarié, car il est pris par opposition à l'acte sous seing privé. L'effet de cet acte est de faire foi de la convention qui s'y trouve relatée, et de sa date. En fait de commerce on y a recours fort peu ; et la forme solennelle est presque inconnue dans les achats et ventes commerciaux. Il serait donc superflu d'insister sur un point qui est presque étranger à notre étude.

II. *Par acte sous signature privée.* — L'acte sous

(1) M. Massé, t. 4, n° 2145 in fine.

seing-privé est celui qui n'a pas été reçu par un officier public. Il est rédigé par les parties elles-mêmes, ou par des tiers, mais signé par elles. Cet acte a entre ceux qui l'ont souscrit et entre leurs héritiers ou ayants cause, la même force probante que l'acte authentique (art. 1322, C. Nap.). S'il établit le fait de la convention, il ne fait point foi de sa date à l'égard des tiers ; c'est ce que décide l'article 1328 du Code Napoléon en ces termes : « Les actes sous seing privé n'ont de date contre les tiers que du jour de la mort de celui ou de ceux qui les ont souscrits, ou du jour où leur substance est constatée dans des actes dressés par des officiers publics, tels que procès-verbaux de scellés ou d'inventaires. » Ainsi en matière civile les formalités exigées par l'article 1328 sont essentielles pour donner date certaine à un acte sous seing privé ; mais il n'en est pas de même, d'après l'opinion généralement admise, en matière commerciale, où cette disposition de droit commun serait incompatible avec la célérité des affaires. La loi commerciale a établi des cas où elle exige des formalités pour fixer d'une manière incontestable la date de l'acte ; mais en dehors des différentes circonstances où elle a formellement établi des règles spéciales, cette règle de droit commun ne reçoit pas d'application. Du reste il est un moyen assez facile de contrôler la date du contrat et de s'assurer de sa véracité : les livres. Nous pouvons maintenant ajouter avec M. Massé, que l'article 109, en permettant l'emploi des preuves écrites ou verbales non susceptibles d'enregistrement a établi de la manière la plus expresse qu'il dérogeait sur ce point aux règles de droit commun. Voici en effet comment cet auteur se résume sur ce point : « En ce qui touche la certitude de la date des conventions dans leur rapport avec les tiers, les actes commerciaux peuvent se diviser en quatre catégories, comprenant la première, les contrats qui, à raison des formes particulières auxquelles ils sont soumis, ont par eux-mêmes une date certaine : — tels sont la lettre de change et le contrat d'assurance ; — la seconde, les contrats qu'une disposition expresse laisse sous l'empire du droit commun et qui n'acquièrent par conséquent une date certaine vis-à-vis des tiers que conformément à l'article 1328 du Code Napoléon : telle est la vente des navires ; — la troisième, la généralité des actes de commerce, dont la preuve est régie par l'article 109 du Code de commerce et dont la date présumée certaine, tant qu'elle n'est pas contestée, peut être établie par toutes sortes de preuves et de documents ; — la quatrième enfin les contrats qui doivent être constatés, par actes authentiques ou sous signatures privées, et dont la date n'a de certitude que par l'accomplissement des formalités prescrites par l'article 1328 du Code civil : tel est le contrat de société (1). »

Quant à la validité des actes synallagmatiques,

(1) M. Massé, t. 4, n° 2437.

elle est régie en matière civile par l'article 1325 du Code Nap., dont voici la reproduction : « Les actes sous seing privé qui contiennent des conventions synallagmatiques, ne sont valables qu'autant qu'ils ont été faits en autant d'originaux qu'il y a de parties ayant un intérêt distinct. — Il suffit d'un original pour toutes les personnes ayant le même intérêt.

« Chaque original doit contenir la mention du nombre des originaux qui en ont été faits.

« Néanmoins le défaut de mention que les originaux ont été faits doubles, triples, etc., ne peut être opposé par celui qui a exécuté de sa part la convention portée dans l'acte. »

Une question très-controversée se soulève à l'occasion de cet article parmi les interprètes du Code de commerce.

Le droit civil, comme nous venons de le voir, exige pour la validité des actes sous seing privé, lorsqu'ils contiennent des conventions synallagmatiques, qu'ils soient faits en autant d'originaux qu'il y a de parties ayant un intérêt distinct. Il faut en outre que chaque original contienne la mention du double, du triple, etc. On se demande si l'article 1325 est aussi applicable aux engagements commerciaux?

La plus grande part des auteurs soutiennent la négative; mais la jurisprudence et quelques auteurs admettent l'affirmative. C'est notamment M. Massé qui l'a défendue victorieusement; son opinion est soutenue par la grande autorité de M. Demangeat.

Nous venons aussi de voir, et il ne peut y avoir aucune difficulté à cet égard, les dispositions expresses de la loi commerciale sur les différents contrats auxquels l'article 109 n'est point applicable. Notre question se trouve donc restreinte à un certain nombre d'actes et en particulier à la vente commerciale.

L'article 1325 n'est que la reproduction d'une jurisprudence qui, en 1736, s'était introduite au Châtelet et au Parlement de Paris. Par une étrange violation des principes les plus élémentaires du droit, on avait confondu la *validité de la convention* avec la *validité de l'écrit* qui lui sert de preuve. On avait alors établi que toute convention synallagmatique était complétement nulle, si elle n'était pas constatée par un écrit rédigé en autant d'originaux qu'il y a de parties ayant un intérêt distinct. Chacun des originaux devait, en outre, porter la mention du nombre des originaux. Le contrat qui n'avait pas été constaté d'après ces formes, même s'il était avoué par les parties, même si l'une des parties avait déjà volontairement exécuté son engagement, était déclaré nul et de nul effet, par la seule circonstance que l'écrit n'avait pas été fait double ou triple, ou par défaut de mention du nombre des originaux.

Cette immorale et fausse règle introduite par le Parlement, n'a pas été reproduite par le Code. Ce que notre article déclare inefficace à défaut des doubles ou de la mention nécessaire, n'est pas le contrat lui-même, mais simplement l'écrit qui ne fait que le constater. Pour mieux nous faire comprendre cette nouvelle règle, il est dit, en effet, que l'exécution faite par l'une des parties, suffit pour corriger ce vice de forme qui désormais ne pourrait plus être opposé par l'autre partie. Il reste donc une question de forme que le Code eût bien mieux fait d'abolir complétement.

Quoi qu'il en soit lorsque la partie contre laquelle on demande l'exécution prétend qu'on avait soumis la formation du contrat à la rédaction d'un acte complétement régulier, l'adversaire aura toujours la ressource du serment. — Il est encore incontestable que l'aveu des parties supplée au défaut de forme, et oblige les contractants à l'exécution.

De même la convention se trouve prouvée par son exécution, qui corrige non-seulement le défaut de mention, mais aussi le défaut des doubles.

La mention des doubles n'étant exigée que pour prouver et mieux assurer l'existence même de ces doubles, cette prescription n'aurait plus de raison d'être toutes les fois que la représentation des originaux serait faite par les différentes parties, la représentation des originaux étant la meilleure preuve possible de leur existence.

Le défaut de mention que les originaux ont été faits doubles, triples, etc., ne peut être opposé par celui qui a exécuté de sa part la convention portée dans l'acte. Ce paragraphe prévoit le cas d'exécution volontaire. Supposons une vente de marchandises, pour 20,000 francs, dont l'acheteur s'oblige à 15,000 francs au vendeur, et 5,000 francs à Titius. Le fait que l'acheteur a payé les 5,000 francs de Titius prouve l'existence du contrat contre lui non contre le vendeur. Tandis que s'il avait commencé par exécuter le payement entre les mains du vendeur, celui-ci aurait contribué de sa part aussi à l'exécution du contrat qui, dès lors, serait opposable aussi bien à l'un qu'à l'autre.

De ce qu'un acte sous seing privé ne doit être fait double, etc., que lorsqu'il y a plusieurs parties ayant un intérêt distinct, on peut déduire que la convention même synallagmatique qui reçoit exécution de la part de l'une des parties, n'a plus besoin que d'un seul original qui doit se trouver entre les mains du créancier. C'est ce qui peut arriver dans une vente lorsque le vendeur a livré la chose, ou l'acheteur le prix.

Avant de suivre un autre ordre d'idées, disons, qu'en ce qui concerne le bon et approuvé exigé en matière civile pour la validité des actes sous seing privé contenant des engagements unilatéraux (art. 1326 c. Nap.), le code civil en a dispensé les commerçants. Mais la loi affranchissant de la formalité de l'approbation les commerçants, et non pas les actes de commerce, il en résulte que le bon et approuvé serait toujours nécessaire, si le

souscripteur était un non-commerçant, même
lorsque son engâgement serait commercial.

La mention du double étant exigée comme force
probante, l'absence de cette mention, si elle en-
lève à l'écrit cette force, du moins, lorsque l'écrit
est revêtu de la signature de la partie à qui on
l'oppose, peut-il servir comme commencement
de preuve par écrit, et autoriser le demandeur à
prouver par témoins que cette convention s'est
vraiment formée? — La majorité des auteurs l'admet.

Après avoir parcouru les différentes hypothèses
prévues par l'art. 1325, demandons-nous si cet
article est encore applicable en matière commerciale.

C'est la rigueur extrême des dispositions de
l'article 1325 qui se trouve peu en harmonie avec
l'équité naturelle qui a engagé la plupart des auteurs à restreindre l'application de cet article aux
matières civiles, en écartant les matières commerciales, qu'ils tendent toujours à simplifier dans leurs
formes. D'après eux, les conditions synallagmatiques en droit commercial ne doivent pas être
soumises à la formalité des doubles, et à sa mention sur chaque original.

En effet, nous dit-on, pourquoi se préoccuper
de la forme lorsque le titre lui-même n'est pas
nécessaire? La signature de celui qui conteste sur
le seul original existant n'est-elle pas une preuve
aussi énergique que celle que l'article 109 auto-

rise? L'article 1325 du Code civil, n'a pour sanction que d'empêcher, que, par une inégalité cho-
quante, l'une des parties pût contraindre l'autre
à une exécution que celle-ci ne pourrait exiger.
Or, cette infériorité de position est impossible,
lorsque les conventions ont pour objet des achats
et ventes ou des négociations commerciales inter-
venues entre commerçants. La partie qui n'aura
ni exigé, ni reçu l'original qu'elle devait posséder,
pourra toujours recourir aux preuves par la correspondance, les factures, les bordereaux, revêtus
d'une simple signature, par la preuve testimoniale
et les simples présomptions. Si donc tous ces
moyens de preuves sont de droit commun en matière commerciale, pourquoi exclure la preuve
résultant d'un écrit signé des parties, qui seulement n'a pas été fait d'après les règles de formes
de l'article 1325? — Voilà le plus fort argument,
et celui sur lequel on insiste dans ce système.

On se fonde encore, dans cette même opinion,
sur la raison que cet article est incompatible avec
la célérité commerciale; et que si l'article 109
cite, parmi les preuves qu'il énumère, l'acte sous
seing privé, il ne l'assujettit pas à la formalité des
doubles.

M. Massé, après avoir invoqué M. Vincens; un
arrêt du 19 décembre 1816 de la Cour de cassation; un autre de la Cour de Colmar du 28 août
1816; un dernier, enfin, de la Cour de Lyon du
18 décembre 1862, qui appliquent tous l'article

1325 aux matières commerciales, n'hésite pas lui-même à adopter ce système, à prendre ce parti, qui est de la jurisprudence.

Voici, maintenant, comment ce magistrat motive son opinion : « Une première remarque doit d'abord attirer notre attention : c'est qu'en matière commerciale, il y a plusieurs espèces de contrats synallagmatiques, et des plus importants qui doivent incontestablement être faits, en autant d'originaux qu'il y a de parties intéressées. Ainsi, l'acte sous seing privé qui constate une société en nom collectif ou en commandite, doit être conforme à l'article 1325 du Code Napoléon (art. 39 C. com.) ; ainsi le connaissement qui intéresse l'expéditeur, le destinataire, le capitaine et l'armateur, doit être fait en quatre originaux au moins (art. 282 C. com.) ; ainsi la charte-partie, dont le nom seul indique que l'usage du commerce maritime était de mettre chaque partie en possession de la preuve du contrat, ne pourrait être faite en un simple original sans mentir à tous ses antécédents historiques, etc., etc., il serait impossible de trouver dans tout le droit commercial une disposition qui affranchit tous ces actes des formes ordinaires et de droit commun.

Il faut remarquer ensuite qu'il y a certains actes commerciaux qui, bien que synallagmatiques, échappent en vertu d'une disposition expresse à l'observation de l'article 1325. Ainsi le bordereau d'un agent de change ou d'un courtier, dûment signé par les parties,...... n'a pas besoin d'être double pour faire preuve de la négociation qu'il constate; c'est moins l'acte des parties que de l'intermédiaire qui les a mises en rapport. Ainsi, la facture du vendeur, qui fait preuve de la vente quand elle est acceptée par l'acheteur, n'est pas non plus soumise à la formalité du double écrit, parce que c'est l'acceptation qui la rend commune aux deux parties, et que l'article 109 n'exige rien de plus pour en assurer l'efficacité. Enfin, on peut en dire autant de la lettre de voiture, dont l'article 102 du Code de commerce décrit minutieusement les formes sans exiger qu'elles soient faites en plusieurs originaux ; d'où l'on peut conclure, que dans ce cas encore, l'art. 1325 cesse d'être applicable, bien qu'il arrive quelquefois que la lettre de voiture soit faite en triple original.

L'auteur restreint comme nous le voyons, à un très-petit nombre de cas l'application de l'article 1325 ; car en définitive, nous dit-il, on ne voit guère que le contrat de vente, le contrat de commission et leurs analogues dans lesquels la question puisse se présenter. Il remarque ensuite que l'article 109, parmi les moyens de preuves qu'il énumère, fait figurer les actes sous signature privée et cela sans réserve, de même qu'il y fait figurer les actes publics, se référant pour les uns et pour les autres aux règles du Code Napoléon.

Le même auteur admet bien que certains moyens de preuve sont plus facilement admis en matière commerciale qu'en matière civile ; il ne doute pas que la preuve d'un contrat commercial ne puisse être faite autrement que par acte sous seing privé double et triple ; il ne doute pas non plus qu'un commencement de preuve qui résulte d'un simple acte ne puisse être complété par d'autres moyens ; d'après lui la question n'est pas là.

«La question est de savoir si un acte sous seing privé, fait simple, qui en matière civile ne serait pas valable, c'est à-dire, qui ne ferait pas foi par lui-même et nécessairement du contrat synallagmatique qu'il constate, est valable en matière commerciale et fait foi par lui-même et nécessairement. Or, il est bien évident, que la force probante accordée par l'article 109 du Code de commerce aux bordereaux et aux factures, qui sont des actes sous seing privé d'une espèce toute particulière, à la correspondance et aux livres des parties qui ne sont pas des actes sous seing privé d'une espèce toute particulière, à la correspondance et aux livres des parties, qui ne sont pas des actes sous seing privé ne résout pas la question. L'acte sous seing privé fait simple, n'est ni un bordereau, ni une facture, ni une lettre missive, ni un article de livres ; c'est un acte *sui generis* qui, valable ou non valable, a où peut avoir des effets qui lui sont propres ; mais c'est se livrer à une étrange préoccupation, que de conclure de la force probante d'actes ou de documents avec lesquels l'acte sous seing privé n'a aucun rapport à la force probante, ou à la validité de l'acte sous seing privé, qui n'est pas fait en autant d'originaux qu'il y a des parties intéressées. Il faut donc en revenir à la disposition, par laquelle l'article 109 met les actes sous seing privé au nombre des moyens de preuves admis en matière commerciale, et en tirer cette conséquence nécessaire, que non-seulement la loi commerciale ne dispense pas les actes sous seing privé, constatant des contrats synallagmatiques entre commerçants des formalités de l'article 1325 du Code Napoléon, mais encore qu'il confirme cet article autant qu'il était possible de le faire sans redondance, ni superfétation. .

Ce système se résume ainsi : Il y a des contrats synallagmatiques qui doivent incontestablement être faits en autant d'originaux qu'il y a des parties ayant des intérêts distincts ; il y en a d'autres qui, bien que synallagmatiques échappent par une disposition expresse à l'application de l'article 1325. Les autres conventions synallagmatiques et notamment la vente, constatées par actes sous seing privé, doivent être faits tant en matière civile qu'en matière commerciale, en autant d'originaux qu'il y a d'intérêts différents ; sauf en matière commerciale le droit de suppléer à la preuve incomplète d'un acte sous seing privé par les autres moyens de preuve.

Il est à remarquer que l'exception résultant de l'inexécution des formalités exigées par l'article 1325, ne peut être invoquée qu'entre commerçants ou contre eux et non contre un non-commerçant.

Pour être conséquent avec le principe que nous venons d'adopter il faudrait aussi décider que l'acte sous seing privé n'a de date certaine contre les tiers en matière commerciale comme en matière civile que tant que les conditions exigées par l'article 1328 n'ont pas été remplies. Les mêmes motifs plaidant dans un cas comme dans l'autre, nous serions forcément conduits à admettre la même solution.

MM. Demangeat et Massé sont cependant d'un avis contraire. En effet, nous disent-ils, il y a certains actes commerciaux qui sans remplir les conditions prescrites par l'article 1328, reçoivent cependant par la loi date certaine : ainsi la lettre de change, le billet à ordre, l'endossement et le contrat d'assurance.

Il résulte d'un autre côté des termes de l'article 192, 6° du code de commerce, que le contrat de vente d'un navire n'acquiert date certaine que lorsqu'on a suivi les règles du droit civil. Mais en dehors de ces cas, spécialement déterminés par la loi, les actes sous seing privé constatant des conventions commerciales ne sont pas soumis à l'application de l'article 1528 du code Napoléon. La célérité exigée dans les affaires commerciales, s'accommoderait peu avec les lenteurs de l'enregistrement ou autres conditions déterminées par le code civil.

En outre si les achats et ventes peuvent se prouver par des écritures qu'on n'a pas l'habitude d'enregistrer tels qu'une facture acceptée, la correspondance, les livres, ce qui implique que la date serait opposable aux tiers, il devrait en être de même pour la date apposée à un acte sous seing privé.

III. — *Par un bordereau ou arrêté d'un agent de change ou courtier dûment signé par les parties.* — Le bordereau ou arrêté est une sorte de procès-verbal que l'agent de change ou le courtier dresse pour constater une opération conclue entre deux parties, et qu'il remet à chacune d'elles pour qu'elles le signent. Il doit par conséquent contenir l'indication des valeurs ou marchandises qui ont été l'objet de la négociation, le prix stipulé et en outre le nom des parties et celui de l'intermédiaire légal qui la leur a fait conclure.

Il s'agit maintenant de savoir à propos de quelles ventes le bordereau peut faire preuve ; car pour les achats et ventes d'effets publics, les parties ne se connaissent pas ; tout se passant entre agents de change. Il reste par conséquent les ventes de marchandises pour lesquelles, si la conclusion du marché peut être convenue par les courtiers, elles ne peuvent recevoir d'exécution que par le fait des parties appelées à l'opérer. Cette intervention des parties on devait forcément l'exiger, à cause du refus d'exécuter que l'une d'elles aurait pu faire ;

parce qu'en ce cas l'officier public aurait été obligé de la désigner.

Mais quel est d'abord le caractère de ces *officiers publics?* Quelle est la valeur des actes qu'ils passent, tels que bordereaux ou arrêtés? — Contrairement à l'ancien droit, leur caractère public ne permet plus aujourd'hui de considérer le bordereau comme faisant foi, par lui-même, de l'existence de la vente en faveur des parties. Dans l'ancien droit en effet l'avis contraire était devenu de droit commun, surtout après un arrêt du Conseil du 24 septembre 1734.

Le projet du Code de commerce avait suivi ces errements en maintenant cette règle. Une protestation presque unanime de toutes les villes de commerce s'était levée contre cette disposition dont les inconvénients et les dangers étaient nombreux. Il serait, en effet, d'une grande imprudence et même d'une grande injustice que de laisser dépendre la ruine d'un commerçant de la volonté d'un courtier par l'abus qu'il pourrait faire de la faculté que la loi lui accorde. Ce n'est qu'après une vive discussion, qu'on a fini par laisser l'article 109 tel que nous le trouvons. On peut même ajouter que, d'après l'article 78 du Code de commerce, les courtiers sont chargés de constater non pas les achats et ventes, mais seulement de constater le cours des marchandises. Ils attestent aussi, jusqu'à preuve du contraire, en leur qualité d'officiers publics, la date et la signature des parties.

Pour revenir à l'examen de notre § 3, il nous semble difficile d'expliquer comment il peut s'appliquer aux négociations dont s'occupent les agents de change (aux ventes ou achats d'effets publics ou semi-publics), les parties devant rester inconnues l'une à l'autre. A moins que l'on n'admette le cas où les parties consentent à se faire connaître, et celui où la nature de l'obligation l'exige, nous ne voyons donc pas d'autres hypothèses où la disposition de l'article 109, qui parle des bordereaux signés des parties, pourrait recevoir d'application. C'est, du reste, ce qui est prévu par l'article 19 de l'arrêté du 27 prairial an X : « Les agents de change devront garder le secret le plus inviolable aux personnes qui les auront chargés de négociations, à moins que les parties ne consentent à être nommées, ou que la nature des opérations ne l'exige. » Ainsi, les dispositions de notre article ne doivent s'appliquer d'une manière générale qu'aux ventes de marchandises qui s'opèrent par le ministère des courtiers. De manière que le bordereau ne peut prouver la vente s'il n'est signé des parties.

Mais il n'est pas dit que l'absence de la signature des parties, entraînerait fatalement le rejet de la prétention. Le juge doit, en ce cas, s'en rapporter aux circonstances. Ce fait n'entre pas dans les prévisions de l'art. 109, et forme tout au plus une de ces présomptions que les juges sont libres de ne pas adopter. Ainsi, si la signature des parties donne au bordereau le caractère de preuve positive, l'irrégularité du bordereau ne peut que rendre la question une question de fait appréciable suivant les circonstances.

Nous insistons encore sur ce point pour dire qu'en cas d'absence des signatures des parties, la vente restant pour ainsi dire à l'état d'allégation de la part de celui qui entend s'en prévaloir, pour l'établir, il sera obligé de se servir des autres modes de preuve admis par l'article 109. Le bordereau, en ce cas, ne pourra que faciliter cette vérification ; les courtiers pourraient même, en cas de perte du bordereau, être obligés de présenter leurs registres et carnets aux juges.

Enfin, rappelons que le bordereau est toujours fait en un seul original (1).

IV. *Par facture acceptée.* — La facture est une espèce de mémoire détaillé que le vendeur dresse, représentant la nature, la quantité, la qualité et le prix des choses qui font l'objet de la négociation, avec mention des noms de l'acheteur et du vendeur.

Pour que la facture fasse preuve, d'après les termes de l'article 109, il faut qu'elle soit acceptée

(1) Aux termes de l'art. 74 du Code de commerce, tel qu'il résulte de la loi du 2 juillet 1862, qui n'est au reste que la reproduction de l'ancien texte, les courtiers de marchandises avaient la qualité d'officiers publics, et leur profession était un monopole. Ce privilége a été aboli par la loi du 18 juillet 1866, qui a rendu libre cette profession. Il n'existe donc plus de monopole à cet égard, et toute personne peut aujourd'hui exercer la profession de courtier de marchandises.

de l'acheteur à qui elle est adressée. Cependant, la facture étant destinée à constater des ventes commerciales ne fait preuve qu'autant qu'elle émane d'un commerçant; elle est aussi dispensée de la formalité du double et n'exige pas la signature des deux parties contractantes. La facture n'est pas, en effet, un acte sous seing privé proprement dit et ce qui nous le prouve, c'est l'article même; car il ne confond pas la facture avec l'acte sous signature privée, et en fait deux moyens de preuve distincts, soumettant la facture à des preuves particulières. Le Code de commerce en mettant dans un ordre successif les divers modes de constater les ventes et les achats, attribue à chacun des modes, indistinctement, une égale efficacité probante, même vis-à-vis des tiers. L'acceptation même, qui doit résulter, soit d'un écrit, soit de toute autre manière, autrement que de la facture, puis, cette même acceptation peut être verbale ou résulter des circonstances, vient fortifier notre idée que la facture ne doit pas être régie ni par l'article 1325, ni par l'article 1328 du Code Napoléon. En effet, la date de cette facture est présumée sincère; « mais on conçoit qu'en général, cette présomption serait ébranlée si la vente n'était pas mentionnée sur les livres des parties comme ayant eu lieu à l'époque indiquée par la facture. »

Voici maintenant quelle est l'utilité de la fac-

ture lorsqu'il n'existerait d'autres instruments de
la vente déniée, que la facture elle-même. Dans
une vente au comptant, comme il n'est pas besoin
de faire qu'une seule facture portant le seing et
l'acquit du vendeur, si l'acheteur réclame une
deuxième fois la livraison, il ne pourra le faire
sans se compromettre, puisqu'il serait obligé de
présenter la facture qui porte la preuve de la livraison et du payement. La vente pourrait être faite à
crédit, l'acceptation peut être faite alors par écrit
sur un double, ou elle peut avoir lieu tacitement.
Dans le cas où l'acceptation est faite par écrit entre
présents, l'échange des titres peut se faire de la
main à la main ; car il faut alors une double facture, l'une portant la signature de l'acheteur, l'au
tre celle du vendeur qu'ils doivent échanger.
Que si la vente est faite par correspondance, l'a-
cheteur renvoi au vendeur l'une des doubles revêtue de son acceptation. Mais en ce cas, comme il
est facile de le voir, la facture changerait de nature et deviendrait un véritable acte sous seing
privé.

L'acceptation tacite n'étant pas toujours nécessaire, elle peut résulter du silence gardé sur la réception de la facture. Nous avons déjà vu en
effet, que lorsque l'acheteur reçoit une facture
sans aucune réclamation de sa part, il est censé
l'accepter. Cette acceptation peut du reste être
contrôlée par les livres. Mais le vendeur aurait pu
stipuler dans la facture que le payement s'opére-

rait à son domicile. Cette clause peut ne pas suffire pour établir que le lieu du payement a aussi été accepté par l'acheteur. Alors, il est vrai qu'une facture n'a pas besoin d'être revêtue expressément de l'acceptation de l'acheteur pour faire preuve contre lui, il est juste, que les juges soient appelés à apprécier les effets et l'étendue de cette acceptation. Ils pourront par conséquent refuser d'admettre que cette acceptation s'étende également aux conditions accessoires. Cependant il faut admettre en thèse générale, que la facture fait preuve non-seulement de la vente et de sa date, mais encore des conditions qui y sont stipulées. Cette preuve a également lieu à l'égard des tiers.

La succession rapide des affaires commerciales, l'absence relative des parties, la nature et l'éloignement des objets de leur négociation, n'en permettent pas toujours la tradition corporelle, nous disent MM. Delamarre et Lepoitvin; mais la coutume commerciale y supplé par certains signes du nombre desquels est la facture. C'est pour cela que comme le connaissement, elle peut être faite à ordre au porteur ou à personne dénommée

Il est bien vrai qu'un usage constant dans le commerce a trouvé ces trois modes de céder son droit à la marchandise; mais nous ne partageons pas leur avis à l'égard de l'effet pour la cession de la facture. Nous avons déjà vu en effet, que la facture n'est autre chose qu'un acte constatant la vente. Elle ne peut équivaloir à la remise ou à la livraison de la marchandise. Il est bien permis de faire des reventes successives, mais leur effet n'est que d'accorder au porteur droit à la remise de la marchandise vendue. Ce n'est que sous ce rapport, que la remise de la facture opère une sorte de tradition symbolique des objets vendus, mais qui n'est pas réelle à l'égard des tiers : elle ne produit donc pas les effets de la tradition, et elle n'est par conséquent pas opposable.

La propriété de la marchandise ne serait transférée au possesseur de la facture, qu'au cas où la marchandise serait en voyage, parce qu'alors elle serait individualisée ; et encore cette délivrance ne pourrait produire son effet en sa faveur, que si en remettant la facture on ne lui avait en même temps livré le connaissement ou la lettre de voiture, qui est le titre en vertu duquel la remise de la chose vendue peut être exigée du voiturier ou du capitaine. Ce n'est que de cette seule manière que l'acheteur sur facture et connaissement, ou sur facture et lettre de voiture se met à l'abri tant à l'égard du vendeur, qu'à l'égard des tiers.

« Néanmoins la revendication ne sera pas recevable si, avant leur arrivée, les marchandises ont été vendues sans fraude, sur factures et connaissements ou lettres de voiture signées par l'expéditeur (art. 576 c. com.). »

Ce moyen de preuve étant essentiellement commercial, ne pourrait recevoir d'application en dehors des opérations auxquelles il a été destiné.

V. *Par la correspondance.* — La preuve par correspondance est celle qui résulte de l'ensemble des lettres que les commerçants se sont écrites réciproquement et qu'ils sont obligés de conserver, transcrivant celles qu'ils envoient et mettant en liasse toutes celles qu'ils reçoivent.

Ce moyen de preuve est le plus souvent invoqué par les commerçants dans leurs contestations, à défaut de titre, et en l'absence de bordereau ou de facture acceptée ; car un engagement résultera souvent de deux pièces dont chacune n'est signée que par l'une des parties. C'est en cela que la preuve par correspondance diffère de l'acte sous-seing privé ; car la réunion d'une lettre missive et de sa réponse ne constitue pas un acte sous seing privé ; ce dernier, en effet, ne peut naître que d'un écrit contenant dans un seul contexte tout ce que les contractants ont voulu stipuler ou promettre.

Un contrat ne pouvant se former que par le concours des volontés des parties, aussi longtemps que le contrat n'est pas formé chaque partie reste libre de retirer la demande ou l'offre qu'elle a faite. Dès que la convention se forme il n'est plus permis aux parties de se rétracter arbitrairement. Or nous savons que pour parfaire la convention, il faut que les volontés se connaissent mutuellement, et que chaque volonté ait persévéré jusqu'au moment de leur concours. Par conséquent, l'auteur d'une proposition est libre de la rétracter tant qu'elle n'est pas acceptée par le destinataire, et que l'auteur d'une acceptation peut la rétracter aussi longtemps qu'elle est restée inconnue à l'auteur de l'offre.

Ainsi, comme chaque lettre ne témoigne que contre celui qui l'a écrite, il s'ensuit que la preuve de l'engagement ne résulte souvent que du rapprochement et de la comparaison des différentes lettres.

Il faut se garder de donner un sens absolu à la preuve par correspondance et de l'assimiler aux preuves dont nous nous sommes occupés jusqu'à présent. Les autres preuves servent en effet à constater directement et nécessairement le contrat; tandis que la correspondance ne peut fournir qu'un simple élément de preuve et non une preuve complète, parce que les lettres dont on veut se prévaloir ne forment que des écritures privées dans lesquelles on cherche un élément, une vérification des négociations.

Tout comme les autres moyens de preuve celui-ci doit être présumé avoir date sincère. Dans l'usage on considère même le timbre de la poste comme donnant date certaine à la lettre (1).

Quand on a recours à la preuve par correspondance, si le demandeur ne peut pas réunir pour l'examen nécessaire la demande et la réponse, lorsque, par exemple, le défendeur refuse de la produire, on joindra alors à la lettre que l'on a

____

(1) Demangeat, p. 460.

reçue la copie de celle que l'on a envoyée, qui fera preuve aussi bien que l'original. Cette preuve produit son effet même contre les tiers, tout comme si elle résultait des autres moyens énumérés par notre article.

Il y a controverse sur le point de savoir si l'on peut, pour compléter une preuve, ou même pour la rechercher, se servir des lettres adressées à un tiers.

Nous suivrons sur ce point l'avis de M. Demangeat (1), qui ne l'admet pas lorsque l'on s'est procuré la lettre par des moyens illicites; mais en dehors de ces cas il faut laisser au juge l'appréciation de cette question de fait.

VI. *Par les livres des parties.* — « Les livres de commerce, régulièrement tenus, peuvent être admis par le juge pour faire preuve entre commerçants pour faits de commerce. » (Art. 12 C. com.) Comme on peut s'en apercevoir, l'article 109 ne fait que consacrer la faculté que l'article 12 confère aux juges d'admettre la preuve qui peut résulter des livres. Mais il faut distinguer à cet égard la communication des livres de leur représentation. La communication des livres et inventaires, qui n'est que la remise des livres à l'adversaire avec faculté de les parcourir en entier, ne peut être ordonnée en justice que dans certains cas spécifiés par la loi, tels que succession, communauté, partage de société et en cas de faillite

(1) Demangeat, p. 460.

(art. 14 C. com.). La représentation, au contraire, qui n'est que l'exhibition des registres
pour être non pas examinés en entier, mais seulement consultés sur un point spécial, à fin d'en ex-
traire ce qui concerne le différend, la représentation peut être ordonnée par le juge dans tous les
cas (art. 12 C. com.).

Il est rare, cependant, que le secours des livres
puisse intervenir utilement pour la preuve de la
vente. Bien souvent, en effet, nous dit M. Bédarride, l'acheteur ne l'y inscrira qu'à la réception
de la marchandise, et le vendeur qu'au jour de
l'expédition soit de celle-ci, soit de la facture ; de
telle sorte, que si l'un refuse de recevoir, l'autre
d'expédier, les écritures seront nécessairement
muettes (1). Mais ce n'est pas la règle, car il peut
arriver que les livres offrent la trace soit d'une
commande, soit d'une promesse de vente, un
payement anticipé et partiel peut aussi avoir eu
lieu, soit une création ou remise de traite. Dans
toutes ces hypothèses, ajoute le même auteur, la
preuve de la vente pourra résulter du brouillard
ou du livre de caisse mentionnant le payement,
ou du livre des traites et remises constatant l'entrée ou la sortie de celles données ou reçues.

Les parties ne peuvent pas refuser de représenter les livres, et particulièrement le livre journal
et le brouillard, parce que tout commerçant est

_____

(1) M. Bédarride, *Des achats et des ventes*, n° 367.

obligé de les avoir et que cette obligation est imposée par la loi.

Les livres exigés par la loi sont : 1° le livre-journal ; 2° le livre de copies des lettres ; 3° le livre des inventaires. — L'obligation de tenir ces livres a une double sanction : 1° la perte du procès en cas de refus de produire ; 2° en cas de faillite, le commerçant peut être déclaré banqueroutier simple et puni correctionnellement. On ne peut donc pas refuser de produire le livre-journal sans encourir cette peine. Quant au livre-brouillard, on ne pourra pas nier que ce ne soit là le véritable journal, parce qu'il contient plus clairement et plus en détail les opérations journalières. Le refus de le produire pour le confronter avec le journal qui n'en est que la reproduction, ferait naître une présomption de mauvaise foi contre celui qui refuse.

Les autres livres ne sont pas obligatoires ; en exiger par conséquent la représentation serait souvent s'attendre à un refus d'y satisfaire sans qu'on puisse rien en conclure contre l'auteur du refus, qui pourrait prétendre n'en avoir pas tenu. Cependant les juges peuvent, pour parvenir à la preuve de leur existence, se servir de toute espèce de preuve. Une fois la preuve de leur existence acquise, l'ordre de les représenter serait obligatoire, et faute par le commerçant de s'y soumettre, de graves présomptions de déloyauté naîtraient contre lui, ce qui pourrait autoriser les juges à faire consacrer l'action intentée contre lui, ou à déférer le serment à la partie adverse.

Voyons maintenant quel est le degré de force probante qu'ont les livres.

L'obligation de tenir des livres de commerce est presque aussi ancienne que le commerce même. Elle n'a été rendue obligatoire en France que par l'ordonnance de 1673, qui cependant n'avait pas déterminé le degré de foi que l'on devait y apporter.

D'après le Code de commerce, les livres ne font pas preuve complète par eux-mêmes : ils ne constituent qu'une présomption qui est laissée à l'appréciation des juges. Il est même permis de les combattre par les autres moyens de preuves autorisés par l'article 109.

La preuve résultant des livres ne peut être divisée contre celui qui les a produits, ni être repoussée par lui. Quant aux livres irrégulièrement tenus, ils font foi contre celui qui les a tenus et non contre son adversaire. Les juges peuvent toutefois trouver dans ces livres les éléments d'une présomption abandonnée à leurs lumières et à leur sagesse, et en induire même l'existence d'une créance dont celui qui les a tenus réclame le payement. Si les livres des deux parties sont d'accord, ils font foi entière ; mais s'ils sont en désaccord ils ne peuvent plus être invoqués, mais les parties peuvent recourir à d'autres moyens de preuves.

D'après l'article 12 du Code de commerce, la preuve par les livres ne peut être invoquée que par un commerçant contre un commerçant, même si les livres n'étaient pas écrits par eux, et si la représentation des livres est requise par l'une des parties, le juge ne doit l'ordonner que sous la condition que celui qui la réclame offre d'y ajouter foi. Il semble cependant singulier de soumettre la partie adverse à produire elle-même la preuve qui doit la faire condamner ; mais si cela est admis en droit commercial, c'est bien le moins que celui qui n'a pas d'autres documents soit contraint d'admettre tous les aveux qui se trouvent dans les livres sans les diviser ; car il serait injuste qu'il puisse prétendre de faire admettre les énonciations qui sont à son avantage et repousser les autres (C. Nap., art. 1330). Nous ne pensons pas non plus que les livres d'un commerçant produits contre un défendeur non commerçant puissent être considérés comme un commencement de preuve par écrit, autorisant la preuve testimoniale. La question est cependant très-controversée : dans une autre opinion, on a cru pouvoir combiner les articles 1329 et 1367 du Code Napoléon pour soutenir que la loi permettait de déférer le serment supplétoire dans le cas que nous venons d'examiner.

VII. *Par la preuve testimoniale.* — Dans l'ancien droit français la preuve testimoniale était toujours admise, et l'on disait alors : *témoins passent lettres.*

Ce n'est qu'après l'ordonnance de Moulins que cette règle fut remplacée par l'autre toute contraire : *lettres passent témoins.* L'ordonnance de 1667 vint plus tard développer ce système dans l'article 2 du titre XX, où nous lisons ces mots : « ... Sans toutefois rien innover, pour ce regard, en ce qui s'observe en la justice des juges et consuls des marchands. »

Le droit français moderne admet à peu près ce dernier système dans les articles 1341 du Code Napoléon et 109 du Code de commerce. Voici, en effet, comment s'exprime l'article 1341 du Code Napoléon : « Il doit être passé acte devant notaire ou sous signature privée de toutes choses excédant la somme ou valeur de cent cinquante francs. » Mais si en matière civile la preuve testimoniale est tout à fait restreinte, il n'en est pas de même en matière commerciale, où elle est presque toujours admise d'après le dernier alinéa de l'article 109. Elle est donc admise toutes les fois que le tribunal croira devoir l'admettre.

Ce dernier mode de preuve de notre article n'avait pas été consacré dans le projet du Code ; mais de fortes réclamations partant d'un grand nombre de villes de commerce l'ont fait admettre.

L'article 1347 apporte le premier une exception à la règle générale du droit civil lorsqu'il existe un commencement de preuve par écrit. « On appelle ainsi tout acte par écrit qui est émané de celui contre lequel la demande est formée, ou de celui qu'il représente et qui rend vraisemblable le fait allégué. »

Les autres exceptions se trouvent dans l'article suivant, que nous reproduisons aussi : « Elles reçoivent (les règles précédentes) exception toutes les fois qu'il n'a pas été possible au créancier de se procurer une preuve littérale de l'obligation qui a été contractée euvers lui. Cette seconde exception s'applique : — 1° Aux obligations qui naissent des quasi-contrats et des délits et quasi-délits ; — 2° Aux dépôts nécessaires faits en cas d'incendie, ruine et tumulte ou naufrage; et à ceux faits par les voyageurs en logeant dans une hôtellerie, le tout suivant la qualité des personnes et les circonstances du fait ; — 3° Aux obligations contractées en cas d'accidents imprévus, où l'on ne pourrait pas avoir fait des actes par écrit ; — 4° Au cas où le créancier qui a perdu le titre qui lui servait de preuve littérale, par suite d'un cas imprévu et résultant d'une fausse manœuvre. »

A toutes ces exceptions il faut ajouter le cas de violence, de dol, de fraude et de violation à la loi. Si donc en droit civil tous ces cas font admettre la preuve testimoniale, à plus forte raison, dans les mêmes hypothèses, il faut l'admettre en matière commerciale. Mais si la preuve testimoniale est imposée d'une manière générale par l'article 109, elle n'est cependant pas imposée aux juges qui sont libres de la rejeter, surtout lorsqu'ils trouvent dans le cours du procès des éléments suffisants pour les convaincre.

Le Code Napoléon admet la preuve testimoniale pour une somme qui ne dépasse pas 150 fr., de son côté, le Code de commerce est muet à cet égard. On se demande alors si, en matière commerciale comme en matière civile, pour une pareille somme, la preuve testimoniale est nécessairement admise, ou si elle n'est que facultative pour le juge, comme pour toutes les autres affaires de commerce excédant cette somme?

D'après la force des choses, si l'on remontait au droit naturel, la preuve par témoins devrait être toujours admise. Si la loi civile a fini par ne plus l'admettre dans tous les cas, c'est d'abord parce qu'elle a voulu éviter la multiplicité des procès, et ensuite parce qu'elle a voulu empêcher la subornation des témoins. C'est aussi pour une double raison que la loi commerciale a vu la nécessité de rentrer dans la règle de principe naturel; c'est d'abord à cause de l'impossibilité fréquente d'avoir une preuve par titre, et ensuite à cause de la célérité si nécessaire dans les opérations commerciales. Cependant, comme il eût été dangereux de frayer aveuglément ce chemin, la loi a accordé aux juges la faculté de rejeter cette preuve quand bon leur semblerait. Or il est évident que ce danger n'existe pas plus en matière commerciale qu'en matière civile. Prétendre le contraire serait contredire et notre raisonnement et la loi qui autorisant la preuve testimoniale en matière de commerce là où elle est repoussée en matière civile, ne peut pas vouloir l'écarter en fait de commerce là où elle l'admet en droit civil.

Ne peut-on pas, du reste, trouver un argument en notre faveur dans la loi même? L'article 253 du Code de procédure civile permet, en termes généraux, aux juges de refuser la preuve testimoniale même au-dessous de 150 fr. Pourquoi alors ne pas admettre cette restriction au droit commercial? Cela rendrait les deux situations pareilles.

Aux termes de l'article 1341 du Code civil, « il n'est reçu aucune preuve par témoins contre et outre le contenu aux actes, ni sur ce qui serait allégué avoir été dit avant, lors ou depuis les actes, encore qu'il s'agisse d'une somme ou valeur moindre de 150 fr.» Cette disposition est-elle applicable au droit commercial? Nous n'hésitons pas à admettre la négative, qui est presque généralement admise aujourd'hui. En effet, cette disposition est la conséquence de la première et se lie forcément avec elle. Si donc, en matière commerciale, la première règle n'est pas applicable, il faut en dire autant de la seconde. La dernière phrase de l'article confirme cette opinion, parce qu'elle nous dit: « *Le tout*, sans préjudice de ce qui est prescrit dans les lois relatives au commerce.» Mais, ajoute alors M. Demangeat, ce qui vient d'être dit suppose que l'acte qu'on a constaté par écrit était susceptible d'être prouvé par témoins. A cet égard, il faut évidemment généraliser la disposition de l'article 41 du Code de commerce, ainsi conçue: « Aucune preuve par témoins ne peut être admise contre et outre le contenu dans les actes de société ni sur ce qui a été allégué avoir été dit avant l'acte, lors de l'acte ou depuis, encore qu'il s'agisse d'une somme au-dessous de 150 fr. »

Il existe en effet des actes qui ne peuvent pas être prouvés par témoins. Nous en trouvons un qui concerne en partie notre matière: c'est le vente de navires (art. 195 et 273 C. com.).

Aucun doute ne se soulève contre l'applicabilité absolue de l'article 109 (septième alinéa) entre commerçants. Mais *quid* si le litige était entre un commerçant et un non-commerçant? Nous supposons que le non-commerçant ne fait pas acte de commerce; comme lorsqu'il vend ses récoltes à un commerçant, ou achète de lui pour ses besoins personnels.

Nous donnons ici une solution analogue à celle que nous avons donnée antérieurement sur la compétence. D'après nous, le non-commerçant s'il est défendeur, doit être traduit devant le tribunal civil; il peut exiger du demandeur une preuve par écrit de sa prétention, et même demander la nullité de l'acte fait en contravention, des dispositions des articles 1325 et 1326 du Code Napoléon.

Si, au contraire, c'est lui qui est demandeur, il a le choix entre la juridiction ordinaire et le tribunal de commerce. — Ce système est, du reste, admis par beaucoup d'auteurs et par la jurisprudence. — Au premier cas, lorsqu'il opte pour la juridiction civile, la preuve testimoniale ne serait recevable que pour une valeur n'excédant pas 150 fr. : en ce cas le défendeur commerçant ne pourrait pas non plus exciper à la demande autrement que par des moyens consacrés par la loi civile. Au second cas, lorsqu'il opte pour la juridiction commerciale, il se soumet d'avance aux règles de droit commercial; il peut alors invoquer, pour justifier son droit, les modes consacrés par cette législation spéciale, et employer la preuve par témoins, telle que nous l'avons examinée. Le défendeur commerçant jouira alors, quant aux exceptions dont il veut se prévaloir, du même privilège. Cela par juste droit de réciprocité.

Le Code de procédure civile contient deux articles (268 et 283) s'appliquant à certains empêchements en fait de preuve testimoniale. Ces règles doivent être, sans aucune difficulté, étendues aux matières commerciales.

D'après le premier, « nul ne pourra être assigné comme témoin s'il est parent ou allié en ligne directe de l'une des parties, ou son conjoint, même divorcé.» Comme on le voit, la prohibition est absolue, elle est même de toute prudence.

D'après le second, « pourront être reprochés les parents ou alliés de l'une ou de l'autre des parties, jusqu'au degré de cousin issu de germain inclusivement : les parents et alliés des conjoints au degré ci-dessus, si le conjoint est vivant, ou si la partie ou le témoin a des enfants vivants : en cas que le conjoint soit décédé, et qu'il n'ait pas laissé de descendants, pourront être reprochés les parents et alliés en ligne directe, les frères, beaux-frères, sœurs et belles-sœurs.

« Pourront aussi être reprochés le témoin héritier présomptif ou donataire; celui qui aura bu ou mangé avec la partie, et à ses frais, depuis la prononciation du jugement qui a ordonné l'enquête; celui qui aura donné des certificats sur les faits relatifs au procès; les serviteurs et domestiques; le témoin en état d'accusation; celui qui aura été condamné à une peine afflictive ou infamante, ou même à une peine correctionnelle pour cause de vol. »

Ce qui nous a engagé à reproduire ces articles, c'est qu'ils ont soulevé quelques questions sur la solution desquelles on n'est pas encore fixé. Et d'abord l'énumération de l'article 283 est-elle limitative? Les juges peuvent ils refuser le témoignage d'autres parents ou d'autres personnes pour d'autres causes que celles énoncées dans la seconde partie de l'article? — Je ne conçois pas pourquoi l'on soulève cette question, puisqu'il est certain qu'en matière commerciale les juges peuvent refuser, quand bon leur semble, la preuve testimoniale. Quoi qu'il en soit, on admet généralement que l'énumération de cet article n'est pas limitatire, et l'on accorde aux juges un pouvoir discrétionnaire.

La même décision, et pour les mêmes motifs, doit être donnée sur la question de savoir si lorsque le reproche est juste et fondé, le juge peut néanmoins admettre le témoignage. Cette décision est d'autant plus raisonnable que, comme nous le savons, les juges sont parfaitement libres de ne pas y prêter foi.

L'énumération des moyens de preuve de l'article 109 s'arrête à la preuve testimoniale ; mais il est certain que les engagements commerciaux peuvent aussi se prouver par la présomption, par l'aveu de la partie et par la preuve testimoniale.

Le Code de commerce autorise la présomption par cela seul qu'il n'en parle pas. « Les présomptions sont des conséquences que la loi ou le magistrat tire d'un fait connu à un fait inconnu. » (Art. 1349 C. Nap.) La preuve aussi est la conséquence que l'on tire d'un fait connu à un fait inconnu. Mais il existe cette différence entre la preuve et la présomption, que la première établit directement le fait que l'on cherche à prouver, et que la seconde ne l'établit qu'indirectement.

Les présomptions sont légales ou abandonnées à l'appréciation des magistrats. Les présomptions légales sont celles qui sont attachées par la loi à certains actes ou à certains faits (art. 1350 C. N.). Ces présomptions dispensent de toute preuve celui au profit de qui elles existent (1352, C. Nap.). Elles s'appellent généralement *juris et de jure* ou *juris tantum*.

Les présomptions *juris et de jure* sont celles contre lesquelles nulle preuve n'est admise, parce que sur le fondement de ces présomptions la loi annule certains actes ou dénie l'action en justice.

L'article 1352 finit par ces mots : « A moins *qu'elle* (la loi) *n'ait réservé la preuve contraire*, et sauf ce qui sera dit sur le serment et l'aveu judiciaire. » Les présomptions contre lesquelles la loi autorise la preuve du contraire sont les présomptions *juris tantum*.

Ainsi le *payement par vente* fait par le failli après la déclaration de faillite ou dans les dix jours qui précèdent la cessation des payements, est présumé fait en fraude des créanciers et est annulé de plein droit; c'est la présomption *juris et de jure*. Elle est *juris tantum* lorsqu'une obligation est présumée commerciale parce qu'elle est contractée par deux commerçants. Une vente faite entre deux commerçants peut en effet ne pas être commerciale pour l'un d'eux, ou même pour les deux.

« Les présomptions établies par la loi, dit l'article 1353 du Code Napoléon, sont abandonnées aux lumières et à la prudence du magistrat, qui ne doit admettre que des présomptions graves, précises et concordantes et dans les cas seulement où la loi admet la preuve testimoniale, à moins que l'acte ne soit attaqué pour cause de fraude ou de dol. »

L'admissibilité de la preuve par témoins formant le droit commun en matière commerciale autorise la preuve par présomption. Mais il ne serait permis de vider immédiatement le litige au moyen des présomptions, que lorsqu'elles sont graves, précises et concordantes. Ces présomptions peuvent servir à prouver l'existence d'une obligation ou même du payement.

L'aveu de la partie, qui est le neuvième de nos moyens de preuves, est la preuve par excellence ; il est donc forcément admissible, même en matière commerciale, d'après les règles des articles 1355 à 1356 du Code Napoléon.

Le programme que nous nous sommes proposé d'avance nous force à nous borner dans des limites trop justes pour pouvoir nous étendre plus amplement sur ces moyens de preuves et sur le serment qui en est le dixième et dernier. Nous dirons seulement que le serment reste aussi sous l'application des dispositions du Code Napoléon.

DROIT ROMAIN.

I. La *lex commissoria* était prise généralement comme condition résolutoire de la vente; mais elle pouvait aussi être considérée comme condition suspensive d'après la volonté des parties.

II. Le vendeur à pacte commissoire n'était déchu du bénéfice du pacte, que s'il avait poursuivi le montant de son prix en justice. Un simple acte extrajudiciaire n'aurait pas suffi pour lui faire perdre son droit d'option.

III. Au cas où le vendeur n'a pas exercé immédiatement son droit d'option, l'acheteur à pacte commissoire ne peut pas purger sa demeure en offrant de payer son prix, et imposer ainsi au vendeur le maintien du contrat.

IV. Lorsqu'un délai avait été assigné au pacte, l'acheteur devait, en cas de refus du vendeur de toucher le prix, lui faire des offres réelles, sans qu'il fût nécessaire de recourir à la consignation.

V. Dans le dernier état du droit romain le pacte

commissoire est garanti, soit par une action personnelle, qui sera l'action *venditi* ou l'action *præscriptis verbis*, soit par l'action en revendication.

VI. D'après l'ancien droit civil la translation d'un droit de propriété faite *ad tempus* était entièrement nulle; tandis que la servitude prédiale établie *ad tempus* était valable.

VII. Une action de bonne foi peut en même temps être arbitraire.

VIII. La loi 12 *de pignoribus* ne signifie pas que le propriétaire auquel appartient une servitude rurale puisse hypothéquer la servitude sans le fond.

DROIT COMMERCIAL ET CIVIL.

IX. En principe, l'article 11 du Code Napoléon ne reconnaît pas aux étrangers la jouissance de tous les droits privés qui appartiennent aux Français.

X. Dans le silence du Code de commerce et des lois qui le complètent, on applique les règles du Code Napoléon.

XI. L'article 1599 du Code Napoléon reçoit en matière commerciale ni plus ni moins de portée qu'en matière civile.

XII. En matière de ventes de denrées et effets

mobiliers, l'article 1657 du Code Napoléon est aussi applicable en matière commerciale.

XIII. Le droit de revendication accordé au vendeur de meubles par l'article 2102 suppose une résolution préalable.

XIV. L'exception portée par l'article 100 du Code de commerce au Code Napoléon, ne forme pas une règle générale.

XV. Le contrat de vente par lequel on se réserve pour la détermination du prix de nommer des arbitres ultérieurement, est valable.

XVI. En matière commerciale comme en matière civile la preuve par actes sous seing privé est régie par les mêmes règles.

PROCÉDURE CIVILE.

XVII. Dans le cas où un jugement étranger est présenté à un tribunal français, l'autorisation d'exécuter que le tribunal peut délivrer n'est pas une simple formalité. D'un autre côté, l'article 546 du Code de procédure civile ne lui accorde pas le droit de renouveler les débats d'après l'article 121 de l'ordonnance de 1629.

XVIII. En cas de saisie-arrêt, le tiers saisi ne peut pas payer valablement entre les mains de son créancier ce qui excède la cause de saisie.

18

DROIT DES GENS.

XIX. La juridiction régulièrement saisie d'une demande principale, est par cela même compétente pour connaître de toutes demandes reconventionnelles, quand même ces dernières demandes en les supposant formées par voie d'action principale rentreraient, aux termes des capitulations, dans la compétence d'autres juridictions.

XX. Le tribunal régulièrement saisi d'une demande formée contre le débiteur solidaire ou la caution, a compétence pour connaître de la demande en garantie, formée incidemment contre le débiteur solidaire ou le débiteur principal, quand même ces derniers auraient une nationalité autre que celle du défendeur.

XXI. Le Français locataire d'une maison située en Égypte peut, en l'absence de terme fixé dans le bail, recevoir congé, et être expulsé par le propriétaire égyptien, sous la condition, par ce dernier, de se conformer aux usages des lieux, tels qu'ils existent entre les Européens.

N. B. Les positions de droit des gens que nous avons choisies n'ont trait qu'à l'état actuel des juridictions locales et consulaires d'Égypte. C'est en vue de corriger les abus et les fausses interprétations qu'on donne à ces mêmes capitulaires en vigueur, que nous nous sommes proposé de soutenir trois positions, représentant pour nous ce principe : le droit des gens doit résulter de la situation actuelle des lois des différentes nations. Puissions-nous parvenir à un heureux résultat.

Le Président de la thèse,
LABBÉ.

Vu : Le doyen de la Faculté,
COLMET-DAAGE.

Permis d'imprimer,
le vice-recteur,
A. MOURIER.

Paris. — Imprimerie de Gusset et C⁰, rue Racine, 26.